O PODER DA MULHER FRENTE AOS DESAFIOS DA SOCIEDADE

Comissão da Mulher Advogada
OAB/Marília-SP

O PODER DA MULHER FRENTE AOS DESAFIOS DA SOCIEDADE

Comissão da Mulher Advogada
OAB/Marília-SP

Os artigos publicados em conjunto nesta obra, foram individualmente escritos e registrados pelas autoras:

Alessandra Carla dos Santos Guedes
Beatriz Morato Ribeiro Gimenez Bolonhezi
Carina Alves Camargo Prestes
Cleomara Cardoso de Siqueira
Daniele Cristina Bordenal
Francielle Bueno Araújo
Isabela Nunes Yoshino
Maricler Botelho de Oliveira
Roseli Rosa de Oliveira Teixeira

1ª Edição
Marília/SP-2019
Organização: Daniele Cristina Bordenal

GUEDES, Alessandra Carla. S.; BOLONHEZI, Beatriz M.R.G.; PRESTES, Carina A.C.; SIQUEIRA, Cleomara C.; BORDENAL, Daniele Cristina; ARAÚJO, Francielle B.; YOSHINO, Isabela N.; OLIVEIRA, Maricler B.; TEIXEIRA, Rosei Rosa O.;

Publicação em conjunto de nove artigos. Cada artigo possuí seu título. Trabalho geral intitulado como: O poder da mulher frente aos desafios da sociedade. Comissão da mulher advogada-OAB/Marília-SP. Marília/SP. Publicação de artigos em conjunto. 1ª Edição. Edição e registro do ISBN feito individualmente por artigo. Organização/Edição: Daniele Cristina Bordenal, 2019. 303 páginas. Colaboração: Alessandra Carla dos Santos Guedes. Inclui bibliografia. Capa pela editora.

Os artigos que compõem a presente obra foram escritos e registrados individualmente. Prefixo Editorial: 901156. Artigos:

Representatividade feminina na advocacia – ISBN nº 978-65-901156-2-1.
A Importância do feminismo – ISBN nº 978-65-901156-3-8.
A mulher na previdência social – ISBN nº 978-65-901156-4-5.
Alienação parental – ISBN nº 978-65-901156-5-2.
O poder do empoderamento feminino no combata à violência doméstica – ISBN nº 978-65-901156-1-4.
Evolução jurídica da mulher na sociedade – ISBN nº 978-65-901156-8-3.
Discriminação da mulher no ambiente de trabalho – ISBN nº 978-65-901156-9-0.
A mulher do campo: suas lutas e conquistas sob o enfoque previdenciário – ISBN nº 978-65-901156-6-9.
A mulher como vítima de crimes digitais – ISBN nº 978-65-901156-7-6.

1. Representatividade. 2. Mulher. 3. Feminismo. 4. Empoderamento.

APRESENTAÇÃO DA OBRA

O trabalho apresentado pelas integrantes da Comissão da Mulher Advogada da 31ª Subseção da Ordem dos Advogados de Marília – OAB Marília/SP teve como objetivo trazer informações sobre a evolução dos direitos relacionados à mulher, demonstrando o poder que a mulher possui frente aos desafios que lhes são impostos pela sociedade.

Desde a Revolução Industrial a mulher tornou-se protagonista da sua história revolucionária em meio a uma sociedade machista e patriarcal, iniciando atividade laborativa nas fábricas, com intuito de conquistar independência financeira, que, por consequência, ocasionou várias mudanças de comportamento na sociedade.

Em meio a tantos conflitos ocorridos na sociedade em decorrência dos clamores do direito à igualdade das mulheres não podemos nos esquecer daquelas que deram a própria vida nessa luta, quando no dia 25 de março de 1911, numa fábrica têxtil de Nova York, cerca de 130 operárias morreram carbonizadas num incêndio quando reivindicavam seus direitos, cujo episódio resultou na data comemorativa ao "Dia da Mulher", que ocorre todo o dia 08 de março.

Com isso, as mulheres conquistaram vários direitos, como as condições dignas de trabalho, o direito ao voto, o direito ao acesso à educação, direito ao controle da natalidade pelo uso de anticoncepcionais, emancipação da mulher casada, o direito ao divórcio, a conquista do poder familiar perante seus filhos, o combate à violência doméstica pela Lei Maria da Penha, a criminalização do feminicídio como crime hediondo, entre outros direitos tão importantes para a conquista da nossa igualdade perante a sociedade.

Dentre as conquistas da mulher relacionadas à educação, não podemos nos esquecer especialmente daquela que foi um marco em nossa profissão, Dra. Myrtes Gomes de Campos, que foi a primeira mulher a se tornar advogada numa profissão que era exclusivamente masculina.

Portanto, os artigos apresentados nesse livro demonstram não apenas as conquistas alcançadas pelas mulheres ao longo dos anos, mas também a atual luta diária em busca do direito à igualdade, mediante ações de empoderamento feminino e combate ao preconceito, ao machismo e a violência de gênero que ainda assola a nossa sociedade.

Cleomara Cardoso de Siqueira
Presidente da Comissão da Mulher Advogada da OAB/Marília

PREFÁCIO

Na vanguarda com ações e resultados fabulosos, a Comissão da Mulher Advogada da 31ª Subseção de Marília, vem há alguns anos promovendo e elevando a Advocacia Mariliense a patamares de muita grandeza e prestígio.

As preocupações e as ações efetivas dessas valorosas e abnegadas advogadas rendem elogios de toda sociedade jurídica que se espelham e se veem valorizados e valorizadas num sentimento de pertencimento e acolhimento do que pensamos ser a mais bela das carreiras jurídicas.

O trabalho dessa comissão traduz o sentimento que todos almejamos de igualdade e respeito, com demonstração plena de capacidade, eficiência e na busca constante da melhoria profissional e humana.

Por certo, ainda é necessário o ativismo que expõe e demonstra aos menos avisados que o gênero não pode ser objeto de desempate e/ou de preferências, ressoando as vozes de uma sociedade ampla, inteligente, respeitosa e, sobretudo igualitária.

O presente trabalho coroa essa Comissão que, preocupada com a boa informação e com a formação de pessoas melhores, independentemente de sua sexualidade, de sua raça, de seu credo ou de qualquer uma de nossas diferenças, traz trabalhos únicos e prestam a todos nós, sejam advogados, advogadas ou qualquer indivíduo de nossa sociedade, relevante distinção para a busca da paz social e vida plena em direito.

A inovação e postura dessas brilhantes advogadas aqui materializadas nesta obra nos enchem de júbilo e honra por fazer parte desse momento histórico da advocacia e da subseção de Marília, já sendo um verdadeiro marco.

Desejando *"cent'anni"*, como dizem os italianos, para dar sorte e saúde por 100 anos e que todos aproveitem a leitura e os Princípios de Grandeza que cada capítulo e artigo traz.

Marlucio Bomfim Trindade
Presidente da 31ª Subseção OAB/Marilia-SP

POSFÁCIO

Sensível aos olhos o triste passado e as mais recentes e constantes mudanças comportamentais na sociedade no que diz respeito às mulheres, sendo este o mote principal desta obra.

A exposição de cada tema mostra, de maneira didática e responsável, como, ao longo do tempo, as mulheres foram submetidas a um tratamento de infeliz distinção.

Mas se é lamentável os enormes e injustos obstáculos criados em desprestígio às mulheres, por outro lado, é a partir de então, numa força inversamente proporcional, que o preconceito e o tratamento desigual motivam e fazem surgir aquelas que, de maneira hercúlea, ousam divergir da imposição sociocultural machista há tanto tempo enraizada.

Obviamente que no decorrer da história houve quem desbravasse pelos caminhos de igualdade, mas não é menos importante quem, após, se dedica e se sacrifica na continuidade e aperfeiçoamento dessa senda.

E aqui se agiganta a importância do presente trabalho.

Os temas são brilhantemente tratados e se dedicam a informar, esclarecer e incentivar pensamentos e posturas que levem a sociedade a uma condição indistintamente equânime, mas o que avoluma os méritos destas autoras está no fato de que suas ações transcendem às suas palavras.

A Comissão da Mulher Advogada da 31ª Subseção da OAB de Marília tem sido referência às outras instituições face aos muitos trabalhos desenvolvidos ao longo dos anos, não apenas de valorização da advogada, mas da mulher na sociedade.

Citou-se na obra, como modelo de coragem e ativismo, a figura da primeira advogada Myrthes Gomes de Campos, a qual, se viva fosse, certamente renderia homenagens ao trabalho feito por tão distinta Comissão.

A comunidade mariliense não apenas é brindada pela valorosa obra nascida em nosso seio, como também, em especial, honra e enche de orgulho a advocacia da querida 31ª Subseção da Ordem dos Advogados de Marília que tem a satisfação e alegria de se ombrear às nobres colegas que atuam com tamanha destreza, competência e comprometimento.

Certamente muitos frutos serão colhidos destes exemplos de conduta que nutrem uma mudança de comportamento em toda a sociedade, motivando muitas "avós Suzanas" a se conscientizarem e se apropriarem do seu empoderamento sem perder a ternura e gentileza.

O belo e louvável resultado da obra nada mais é do que a concretização de mais um trabalho permanente e exemplar, cuja leitura é indispensável pelo seu conteúdo e pelo que representa.

A presente obra é um marco do interior paulista, seja pela oferta de reflexão e conhecimento, seja pela dedicação e ampliação do debate rumo a tão desejada sociedade igualitária em oportunidade e condições.

Todos merecem e precisam ter o prazer da leitura.

Tercio Spigolon Giella Palmieri Spigolon
Vice-Presidente da 31ª Subseção OAB/Marília-SP

Apoio: DIRETORIA OAB/MARÍLIA-SP
Gestão 2019 - 2021

Presidente: Marlucio Bomfim Trindade
Vice-Presidente: Tercio Spigolon Giella Palmieri Spigolon
Secretário Geral: José Carlos Rodrigues Francisco
Secretária Adjunta: Cintia Maria Trad
Tesoureiro: Pedro Paulo Arantes Gonçalves Galhardo

31ª Subseção OAB/MARÍLIA-SP

SUMÁRIO

Artigo 1. Representatividade feminina na advocacia (Alessandra Carla dos Santos Guedes) 19

Artigo 2. A importância do feminismo (Beatriz Morato Ribeiro Gimenez Bolonhezi) 34

Artigo 3. A mulher na previdência social (Carina Alves Camargo Prestes) 53

Artigo 4. Alienação parental (Cleomara Cardoso de Siqueira) 107

Artigo 5. O poder do empoderamento feminino no combate à violência doméstica (Daniele Cristina Bordenal) 144

Artigo 6. Evolução jurídica da mulher na sociedade (Francielle Bueno Araújo) 167

Artigo 7. Discriminação da mulher no ambiente de trabalho (Isabela Nunes Yoshino) 195

Artigo 8. A mulher do campo: suas lutas e conquistas sob o enfoque previdenciário (Maricler Botelho de Oliveira) 223

Artigo 9. A mulher como vítima de crimes digitais (Roseli Rosa de Oliveira Teixeira) 260

REPRESENTATIVIDADE FEMININA NA ADVOCACIA

Alessandra Carla dos Santos Guedes
Advogada, graduada em Direito (2004) pelo Centro Universitário Eurípides Soares da Rocha – UNIVEM, atuante na área de Direito Previdenciário, Advogada do Sindicato dos Agentes de Segurança Penitenciária do Estado de São Paulo subsede de Marília/SP, Integrante da Comissão da Mulher Advogada da Subseção Marília.

Sumário: 1.Introdução - 2. Desenvolvimento – 3. Considerações finais – 4. Referências bibliográficas.

1. INTRODUÇÃO

Antes de tratar da representatividade das mulheres advogadas convém lembrar que as mulheres, de um modo geral, durante muito tempo foram oprimidas, silenciadas e subjugadas por um sistema predominantemente masculino.

Às mulheres foi imposto um padrão que estabelecia o seu papel na família e na sociedade, não sendo permitido ocupar espaços socialmente atribuídos aos homens, pois eram consideradas inferiores, incapacitadas e subservientes.

No entanto, a evolução e a disseminação do conhecimento promoveram mudanças de comportamento das mulheres que, cada vez mais conscientes dos seus direitos e da sua capacidade, engajaram-se na luta pela sua emancipação e libertação do domínio masculino.

Assim, a partir do momento que as mulheres adquiriram visão crítica da realidade e das desigualdades de gênero elas organizaram-se, mobilizaram-se e romperam com os padrões e a hegemonia masculina, saindo da posição de passividade em busca de igualdade formal e material não só no âmbito familiar, como também no social, profissional, político e institucional.

As desigualdades ainda são alarmantes, porém, hoje as mulheres atuam ativamente para desconstruir padrões e construir uma sociedade mais justa e igualitária, cientes de que possuem a mesma capacidade intelectual e técnica para contribuir para o desenvolvimento da sociedade e ocupar espaços historicamente acessíveis ao gênero masculino.

2. DESENVOLVIMENTO

A Constituição Federal de 1988 estabelece em seu artigo 5º, inciso I que *"homens e mulheres são iguais em direitos e obrigações"* e prevê no inciso XIII que *"é livre o exercício de qualquer trabalho, ofício ou profissão, atendidas as qualificações profissionais que a lei estabelecer".*

Entretanto, a igualdade proclamada pela nossa Constituição, apesar das conquistas, ainda encontra-se muito distante do desejável para uma efetiva igualdade de gênero.

É certo que, num passado não muito distante, o acesso ao mercado de trabalho era possível apenas aos homens.

À mulher cabia apenas desempenhar o papel que foi-lhe atribuído socialmente, ligado a questões domésticas e maternidade, somente podendo exercer profissão se houvesse autorização do marido.

Nesse sentido era a redação dos artigos 233 e 242 do Código Civil de 1916, revogado apenas em 2002 pela Lei 10.406/2002:

> "Art. 233. O marido é o chefe da sociedade conjugal. Compete-lhe:
> (...)
> IV. O direito de autorizar a profissão da mulher e a sua residência fora do teto conjugal
> (...)
>
> Art. 242. A mulher não pode, sem autorização do marido:
> (...)
> VII. Exercer profissão
> (...)"

Como bem destacam Bianchini, Bazzo e Chakian (2019, p. 21):

> "Os papéis sociais atribuídos a homens e a mulheres são acompanhados de códigos de conduta, verdadeiros modelos de comportamento, introjetados pela educação diferenciada que outorga o controle das circunstâncias ao homem, o qual as administra com a participação submetida por cultura – mas ativa – das mulheres, o que tem significado ditar-lhes – e elas aceitarem e cumprirem – rituais de entrega, contenção de vontades, recato sexual, vida voltada a

questões meramente domésticas, priorização da maternidade".

Porém, com a evolução e o desenvolvimento da sociedade, as questões femininas ganharam novos contornos e as mulheres, outrora passivas; oprimidas; invisíveis; silenciadas; reduzidas ao papel social de obediência e subserviência; passaram a se mobilizar e, através da sua própria força e voz, lutar por inclusão e igualdade.

Na advocacia não foi diferente já que, desde a fundação do Instituto dos Advogados Brasileiros em 7 de agosto de 1843, o exercício do ofício era privilégio apenas do gênero masculino. A admissão de mulheres nos quadros da instituição não foi fácil, muitos entraves e preconceitos foram enfrentados para que isso fosse possível.

No Brasil, a primeira mulher a enfrentar os preconceitos e exercer a profissão de advogada foi Myrthes Gomes de Campos, nascida em 1875, em Macaé, Estado do Rio de Janeiro. Dra. Myrthes concluiu a graduação em 1898, mas somente em 1906 foi realmente aceita no quadro de sócios efetivos do Instituto dos Advogados Brasileiros para o exercício profissional da advocacia.

Antes da Dra. Myrthes outras mulheres já haviam cursado a faculdade de Direito, no entanto, ela foi além e ousou romper padrões e superar os preconceitos da época ao se tornar a primeira mulher a exercer a advocacia, fazendo história na luta pela inclusão e empoderamento da mulher advogada, demonstrando a competência e a capacidade das mulheres para o exercício da profissão.

Em 1899 quando patrocinou sua primeira causa como defensora no Tribunal do Júri, em seu discurso Dra. Myrthes fez questão de exaltar a mulher advogada destacando a sua importância:

> "[...] Envidarei, portanto, todos os esforços, a fim de não rebaixar o nível da Justiça, não comprometer os interesses do meu constituinte, nem deixar uma prova de incapacidade aos adversários da mulher como advogada. [...] Cada vez que penetrarmos no templo da Justiça, exercendo a profissão de advogada, que é hoje

acessível à mulher, em quase todas as partes do mundo civilizado, [...] devemos ter, pelo menos, a consciência da nossa responsabilidade, devemos aplicar todos os meios, para salvar a causa que nos tiver sido confiada.
[...] Tudo nos faltará: talento, eloquência, e até erudição, mas nunca o sentimento de justiça; por isso, é de esperar que a intervenção da mulher no foro seja benéfica e moralizadora, em vez de prejudicial como pensam os portadores de antigos preconceitos. (O País, Rio de Janeiro, p. 2, 30 set. 1899)"

Um discurso que representa a luta das mulheres advogadas para demonstrar competência e capacidade num espaço cujo exercício da profissão era privilégio dos homens, bem como ressalta a importância da mulher advogada para o sistema de justiça e para o desenvolvimento da sociedade.

No estado de São Paulo, segundo a seccional paulista, a primeira mulher a ingressar na faculdade de Direito foi Maria Augusta Saraiva, na Faculdade do Largo São Francisco em 1897. Nascida em 31 de janeiro de 1879, ela formou-se em 1902 e morreu 28 de setembro de 1961, sendo a primeira mulher a atuar no Tribunal do Júri.

Mas a primeira mulher efetivamente inscrita nos quadros da seccional paulista, criada em 1932, foi Maria Immaculada Xavier da Silveira. Nascida em Piracicaba no dia 9 de setembro de 1900, ela formou-se pela Faculdade de Direito de São Paulo em 1925, obtendo seu registro em 26 de janeiro de 1932. Segundo os registros da OAB/SP, a Dra. Maria Immaculada ocupou a tribuna do júri no Rio de Janeiro e organizou a Semana da Advogada.

Desde então, a mulher advogada, com competência e resiliência, vem destacando-se e conquistando cada vez mais espaço e visibilidade nos ambientes de exercício da advocacia ocupando, inclusive, cargos de gestão na instituição.

Segundo dados da OAB/SP, a instituição possui 1.155.806 profissionais inscritos em seus quadros em âmbito nacional. Desse total, 570.426 são advogadas e 585.380 advogados.

Na Seccional Paulista o quadro é composto por 315.591 inscritos, sendo 157.054 advogadas e 158.537 advogados.

Os dados demonstram, inclusive, que em algumas seccionais e subseções as mulheres advogadas já superaram 50% dos inscritos nos quadros da instituição.

A conquista é significativa e importante, porém, ainda é modesta e não reflete a efetiva participação feminina na instituição, pois, apesar do número de mulheres inscritas, pouquíssimas ocuparam ou ocupam assento nos cargos de gestão da instituição.

Basta verificar os registros sobre os ex-presidentes da instituição. No Conselho Federal todos os ex-presidentes são homens e a atual diretoria é composta apenas por homens. Ou seja, até hoje nenhuma mulher ocupou o cargo de presidente do Conselho Federal da Ordem dos Advogados do Brasil. Todavia, segundo o Jornal da Advocacia, *"para mudar essa realidade, a partir de 2021, elas devem representar 30% das chapas diretivas"*.

Na OAB/SP, desde a sua criação em 1932, apenas homens chegaram à presidência.

Nas subseções, no entanto, segundo o Jornal da Advocacia, dados do departamento de subseções da OAB/SP demonstram que na gestão 1993/1995 apenas 5% das mulheres ocupavam assento na presidência das subseções, ao passo que, na gestão atual (2019/2021), o percentual de mulheres presidentes de subseções é de 21%. Além disso, há um compromisso público assumido:

> "Quanto à nomeação de, no mínimo, 50% de Advogadas para as presidências das Comissões permanentes e especiais, já vem sendo amplamente atendido e até mesmo superado". (Jornal da Advocacia, mar/2019, p. 09)

O que demonstra que na Ordem paulista e suas subseções as mulheres estão mudando o rumo da história.

Entretanto, como bem observa Almeida (2019, p. 111):

> "Por mais importante que seja, a representatividade de minorias em empresas privadas, partidos políticos, instituições

> governamentais não é, nem de longe, o sinal de que o racismo e/ou sexíssimo estão sendo ou foram eliminados. Na melhor das hipóteses, significa que a luta antirracista e antissexista estão produzindo resultados no plano concreto, e na pior, que a discriminação está tomando outras formas".

Assim, para a efetiva participação das advogadas nos espaços da Ordem dos Advogados do Brasil, é imprescindível que haja a ampliação da representatividade feminina na gestão da instituição através da formação de lideranças femininas, mas é igualmente importante a conscientização da classe, advogados e advogadas, sobre a importância da mulher para a formação e desenvolvimento não só da instituição como também da sociedade.

Aliás, o atual presidente da advocacia paulista Caio Augusto Silva dos Santos, enfatizou:

> "É necessário reconhecer que no mundo contemporâneo, todos aqueles que pertencem à sociedade precisam ter vez e voz. Ao longo da história, as mulheres demonstraram que a sua participação tem feito com a qualidade de todas as discussões tenham melhorado. Por isso, não apenas no contexto da nossa

instituição, da OAB/SP, mas em todos os espaços de importância da sociedade e dos Poderes constituídos, mais do que nunca precisamos fazer com que as mulheres possam ter voz e vez, para que todos nós sejamos contemplados com a qualidade dos trabalhos das mulheres". (Jornal do advogado, mar/2019, p. 11)

Sem dúvida, um discurso atento e alinhado às mudanças e à importância da mulher advogada não só como profissional, mas também como cidadã.

3. CONSIDERAÇÕES FINAIS

A participação e o acesso de mulheres aos espaços historicamente ocupados pelos homens é uma realidade que, para ser efetiva, ainda necessita da promoção de igualdade de direitos e oportunidades para que seja justa.

Na Ordem dos Advogados do Brasil, para que haja efetiva representatividade feminina em todos os níveis da instituição, é necessária a criação de mecanismos institucionais de promoção de igualdade de direitos e oportunidades entre advogados e advogadas, pois, apesar do número de mulheres inscritas nos seus quadros e a crescente evolução feminina nos espaços de gestão da instituição, o fato é que as posições de liderança estão centralizadas no gênero masculino, havendo poucas mulheres desempenhando essas funções, não obstante, já tenham demonstrado que possuem capacidade intelectual e técnica para contribuírem com o desenvolvimento da instituição e da sociedade.

4. REFERÊNCIAS BIBLIOGRÁFICAS

BERTH. Joice. **Empoderamento** / Joice Berth – São Paulo: Sueli Carneiro; Pólen, 2019. 184 p. (Feminismos Plurais / coordenação de Djamila Ribeiro).

ALMEIDA, Silvio Luiz de. **Racismo Estrutural** / Silvio Luiz de Almeida. São Paulo: Sueli Carneiro; Pólen, 2019. 264 p. (Feminismos Plurais / coordenação de Djamila Ribeiro)

Obama, Michele, 1964. **Minha História**. Michele Obama: tradução Débora Landsberg, Denise Bottmann, Renato Marques. 1ª ed. – Rio de Janeiro: Objetiva, 2018.

BIANCHINI, Alice; BAZZO, Mariana; CHAKIAN, Silvia. **Crimes contra as mulheres**. Salvador: Editora JusPodivm, 2019.

GUIMARÃES, Lucia Maria. P; FERREIRA, Tania Maria T. B. da Cruz. **Myrthes Gomes de Campos (1875-?): pioneirismo na luta pelo exercício da advocacia e defesa da emancipação feminina**. Niterói, v. 9, n. 2, p. 135-151, 1. sem. 2009. Disponível em: http://periodicos.uff.br/revistagenero/article/view/30908/17997. Acesso em 26 de agosto de 2019.

OAB/SP. **A fundação do IAB**. Rio de Janeiro: Editora Record, 1999, págs. 191-92. Disponível em: http://www.oabsp.org.br/portaldamemoria/historia-da-oab/a-fundacao-do-instituto-dos-advogados-brasileiros-2013-iab/. Acesso em 26 de agosto de 2019.

OAB/SP. **Pioneirismo feminino**. Disponível em http://www.oabsp.org.br/portaldamemoria/vultos-da-advocacia/maria-immaculada-xavier-da-silveira/. Acesso em 28 de agosto de 2019.

OAB/SP. **Primeira mulher inscrita na OAB-SP**. Disponível em: http://www.oabsp.org.br/portaldamemoria/vultos-da-advocacia/maria-immaculada-xavier-da-silveira-1/. Acesso em 28 de agosto de 2019.

OAB. Institucional. **Quadro de advogados**. Disponível em:https://www.oab.org.br/institucionalconselhofederal/quadroadvogados. Acesso em 26 de agosto de 2019.

OAB/SP. Transparência. Administrativo. **Quantidade de inscritos por subseção**. http://www.oabsp.org.br/transparencia/administrativo/home-administrativo/quantidade-de-inscritos-por-subsecao. Acesso em 26 de agosto de 2019.

OAB/SP. Portal da memória. **Galeria de presidentes**. Disponível em: http://www.oabsp.org.br/portaldamemoria/galeria-de-presidentes. Acesso em 28 de agosto de 2019.

OAB. Institucional. **Ex-presidentes**. Disponível em: https://www.oab.org.br/institucionalconselhofederal/honorarios. Acesso em 28 de agosto de 2019.

OAB/SP. **Jornal da Advocacia**. Ano XLIV. Mar/2019. Número 447.

BRASIL. **Constituição Federal**. 53 ed. atual. e ampl. São Paulo: Saraiva, 2016.

BRASIL. **Código Civil**. Disponível em: http://www.planalto.gov.br/ccivil_03/leis/L3071impressao.htm. Acesso em 28 de agosto de 2019.

A IMPORTÂNCIA DO FEMINISMO

Beatriz Morato Ribeiro Gimenes Bolonhezi
Advogada na 31ª Subseção – Marília/SP, inscrita na OAB/SP sob nº 408.948, integrante da Comissão da Mulher Advogada graduada em Direito (2016) pelo Centro Universitário Eurípedes Soares da Rocha de Marília.

Sumário: 1. História do feminismo – 2. Feminismo e poder – 2.1 Feminismo da mulher negra – 3. Marco histórico da Lei Maria da Penha - 4 A importância do feminismo – 5. Considerações finais – 6. Referências bibliográficas.

1. HISTÓRIA DO FEMINISMO

Na história do ocidente mulheres pagaram com suas vidas por se rebelarem contra o sistema. O maior exemplo foi quando houve a inquisição da Igreja Católica, que foi inexorável com toda e qualquer mulher que ousasse não seguir à risca o que ela pregava. No entanto, só a partir do século XIX que ocorreu o primeiro movimento feminista que foi o direito ao voto, que ocorreu no Reino Unido, no ano de 1918.

No Brasil, o primeiro movimento foi denominado "Dossiê 16 Feminismo, História e Poder", que foi para que as mulheres também tivessem direito ao voto e quem liderou o movimento foi Bertha Lutz, ela foi uma das principais fundadoras da Federação Brasileira pelo Progresso Feminino. O direito das mulheres ao voto no Brasil só foi concedido anos depois, quando o Novo Código Eleitoral brasileiro foi posto em vigência, no ano de 1932.

Nesta primeira aparição do feminismo em nosso país também ficou marcado pelo movimento das operárias que tinham ideologia anarquista. No entanto, este movimento que teve seu início na Europa, Brasil e nos Estados Unidos, perdeu forças e só voltou a se rebelar contra o sistema trinta anos depois, com um livro da autora Simone de Beauvoir, que fora publicado por volta dos anos 1949, mais só teve força nos anos 1960. Nele a autora estabelece que "não se nasce mulher, se torna mulher".

No entanto, no ano de 1964, foi quando houve o golpe militar e com isso a ditadura, enquanto na Europa e nos Estados Unidos o cenário político era propício para que surgissem novos movimentos, enquanto no Brasil o cenário era de repressão total.

E com o país, no caos que se encontrava, surgiram as primeiras manifestações feministas do país na década de 1970. Alguns anos após este movimento, a Organização das Nações Unidas (ano de 1975), declarou que os próximos anos seriam entendidos como a década do feminismo. Nesse mesmo ano, ocorreram no Brasil vários debates sobre o tema.

As mulheres feministas do Brasil, se uniram com as feministas da Europa e, com isso, foi lançada pelo Círculo da Mulher em Paris no ano de 1976. Demonstravam como as mulheres se encontravam.

Na década de 1980, o feminismo no Brasil expandiu-se não só para as mulheres intelectualizadas, mas também para as mais pobres em favelas, que lutavam contra qualquer violência, discriminação e trabalho. Em 1984, foi uma vitória para nossa luta. Foi criado um Conselho Nacional da Condição da Mulher, que incluiu em nossa carta magna direitos para mulheres.

No século XX foram criadas ONGs para aumentar a intervenção junto ao Estado, para que fossem aprovadas mais medidas protetoras e para que fossem criados mais lugares para mulheres na política. Nesta época a questão central era a luta para diminuição das violências domésticas e foi quando no ano 2006, conseguimos a grande conquista da Lei Maria da Penha (Lei nº 11.340/2006).

2. FEMINISMO E PODER

A militância do movimento, assim como de qualquer movimento social, afirma que, para mulher estar no poder, ela tem que defender com "unhas e dentes" o movimento. Mas se pensarmos que só de ter uma representante feminina, mesmo que não lute pelo movimento, só dela estar na concorrência eleitoral com um homem, já pode se considerar vitoriosa.

Em países que o movimento teve uma grande visibilidade e significativas vitórias para os direitos das mulheres, há um número respeitável de mulheres na disputa eleitoral e nos cargos legislativos, executivos e judiciários.

Infelizmente, a presença feminina não significa que estejam lá para defenderem o movimento feminista, no entanto, há mais facilidade para que os direitos das mulheres sejam defendidos e lutem por esses direitos, do que um homem.

Temos um grande exemplo em nosso cenário político atual que, se dos nossos 513 deputados na Câmara Federal fossem, no mínimo, metade mulheres, o tema sobre aborto não seria mais tratado como algo relacionado à religião, e teria sim, um debate de qualidade demonstrando que é causa de saúde pública da mulher.

Quando tratamos sobre feminismo na política, temos que diferenciar ele no âmbito público e privado, como os autores Flávia Biroli e Luis Felipe Miguel, abordam no livro "Feminismo e política: Uma introdução", senão vejamos:

> "A divisão do trabalho organizou as hierarquias entre papéis femininos e masculinos, atrelando o público ao privado de tal modo que as tarefas e cargas horárias dos trabalhadores do sexo

masculino são organizadas sob a suposição de que eles "têm esposas em casa". (BIROLI, FLÁVIA. Feminismo e Política: Uma introdução. 1ª. ed. São Paulo, Editora Biotempo, 2014, pág.36. Recurso digital).

Nesta divisão dos autores evidencia-se a dupla jornada da mulher quando ela se insere no mercado de trabalho, tendo em vista que carregam a "obrigação" de serem boas esposas, boas no trabalho e ainda, cuidar bem da casa.

Resta assim, a demonstração de que não há neste modo de pensar nenhuma igualdade de gênero e, consequentemente, impossível que exista democracia, visto que, as posições já se encontram hierarquizadas conforme o gênero dos indivíduos.

Com isso há a opressão da mulher no âmbito privado, ou seja, em seu lar, visto que as pessoas devem viver em seu lar, em sua intimidade, conforme acredita ser o modo correto, conforme seus costumes. Porém, por conta dos padrões impostos, na sua maioria, os homens acabam por oprimir as mulheres, impondo às esposas um padrão machista, como por exemplo, só as mulheres devem limpar e cozinhar, pois assim entendem ser "coisas de mulheres".

Com isso, afeta diretamente as relações familiares, pois, veem com naturalidade o patriarcado, onde o marido trabalha e traz o sustento para família, enquanto a mulher cuida dos filhos e da casa, deixando assim, a mulher em posição submissa ao homem.

Na década de 1990, um dos movimentos feministas foi para que o Estado ampliasse as formas de famílias e não apenas reconhecessem como "família" a heterossexual, pois com isso acabavam excluindo as outras formas de família. Depois de muitas lutas e anos depois, agora no século 21, o Estado reconhece outras formas de família.

2.1 FEMINISMO DAS MULHERES NEGRAS

As políticas do feminismo começaram ganhar força na década de 60, como já dito anteriormente, porém, nas últimas décadas tem tomado uma crescente notoriedade.

Com isso, tem afirmado como umas de suas principais vertentes a luta pela democracia e também o antirracismo.

Tendo como objeto a criação de entidades pública e políticas públicas para o alcance da igualdade e assim, consequentemente, corrente para exclusão e também, a marginalização dos negros.

O "Dossiê Feminismo e Antirrascismo":

> "As correntes de pensamento aqui discutidas expõem a fragilidade da percepção, presente nas matrizes liberais da teoria política, de que a universalidade dos direitos se afirma à partir da abstração das particularidades dos indivíduos. A elaboração teórica e também um conjunto de pesquisas realizadas em diversas partes do mundo expõem os mecanismos que produzem cotidianamente desigualdades e condições de vulnerabilidade diferenciadas para os indivíduos de acordo com o gênero e a raça" (Revista Brasileira de Ciência Política, n°16. Brasília, janeiro - abril de 2015, pp. 7-10. DOI: http://dx.doi.org/10.1590/0103-335220151601 RBCPed16.indd 7 13/04/15 16:00 8)".

Uma das soluções seria a implantação de mulheres negras na política da sociedade atual, para que se volte a atenção para este grupo e não apenas no indivíduo, tendo em vista que, as desvantagens ou vantagens atuais seletivamente. Há de ter a compreensão que as desigualdades entre gêneros e raças estão estruturadas em sua classe social e também na renda familiar.

Uma das grandes conquistas foi agora, no século XXI, que conseguiram o direito de acesso ao ensino superior e com reserva de vagas para faculdades públicas do país. As mulheres tinham conquistado o direito ao estudo no final do século XX, porém, com o movimento negro, conseguiram conquistar as chamadas cotas universitárias.

Outra, grande dificuldade para o movimento feminista das mulheres negras é a inserção na política, pois se para a mulher em si já há grande dificuldade de se inserir neste meio, para a negra é muito pior.

Se observarmos os dados, conseguimos comprovar isso, pois os candidatos negros ou pardos encontram mais dificuldades em se elegerem, visto que, os investimentos em suas campanhas são menores, pelo simples fato da sua raça.

As mulheres negras, sofrem preconceitos até mesmo dentro da própria comunidade negra, tendo em vista que, há variações de tratamentos e oportunidades dependendo da sua cor, ou seja, o quão escura é sua pele, e quais características negras a mulher tem, por exemplo: uma mulher negra, de um tom mais claro, ou com nariz mais fino, tem mais oportunidades perante as demais, devido às características próximas às das brancas.

Por isso, o movimento feminista negro nunca foi fácil, visto que, generalizam o feminismo apenas no gênero, e não levando em conta o racismo já enraizado no país.

Dificilmente a mulher branca passa pelos mesmos problemas que a mulher negra e não podemos tapar os olhos para esse fato, senão seremos omissos e o feminismo não prega omissão de nenhuma forma.

Por esta luta, as mulheres negras tentam equiparar-se às mulheres brancas aos olhos da sociedade, para que assim, possa existir uma igualdade, para que abra mais espaços para mulheres negras no mercado de trabalho.

Outro fato que chama atenção, é a taxa de violência e homicídios contra mulheres negras, pois, aumentou de modo significante, em torno de 23% em dez anos. A mulher negra, devido o racismo institucional, que é claro no Estado, se sente vulnerável, pois a desigualdade de tratamentos é nítida.

Se compararmos estatisticamente, são 60% vítimas de feminicídio em comparação com mulheres brancas. O motivo deste número crescente é o racismo institucional, que não presta quase que, nenhuma assistência para mulheres, e para as negras é pior ainda.

As violências sexuais também são maiores em negras, devido a estigmatização que as mulheres negras possam ser objetos sexuais, visto que tem a imagem que são mais provocantes, e que seus corpos aguentam investidas violentas e até mesmo que não possam dizer não aos assédios.

No Brasil, a cultura do estupro existe desde que o país foi colonizado. As negras eram estupradas por brancos para que a população branca aumentasse e a mentalidade de antigamente ainda é forte em nossa país. Basta observamos na época de carnaval a "globeleza", é uma mulher negra que tem seu corpo como mercadoria; as mulheres brancas nem se quer participam deste concurso.

As mulheres negras são estupradas principalmente pela cor de sua pele. As mulheres brancas também sofrem violência sexual, mais nesse caso é por seu gênero o estupro, enquanto no caso das negras é por gênero e cor de sua pele.

Para encerrar, devemos respeitar cada diferença e enxergar cada necessidade, não podendo negar que o movimento feminismo negro existe no país e a população negra ultrapassa 50%, com isso, negar ou esquecer dessas mulheres, seria, no mínimo, uma injustiça.

3. MARCO HISTÓRICO DA LEI MARIA DA PENHA

Esta lei foi uma das maiores conquistas da luta feminista, Maria da Penha é uma mulher que sofreu tentativas de homicídios pelo então marido Marco Antonio Viveros. A primeira vez que ele tentou matá-la foi em 1983, quando disparou um tiro em suas costas enquanto dormia e, nesta tentativa Maria da Penha ficou paraplégica.

A outra tentativa aconteceu meses após, quando foi jogada de sua cadeira de rodas e o marido ainda, tentou eletrocutá-la no chuveiro. O descaso com a mulher naquela época era tanto, que a investigação começou no mesmo ano, porém a denúncia só foi apresentada para Ministério Público no ano seguinte e o primeiro julgamento só foi ocorrer após oito anos, e ainda assim, os advogados do marido conseguiram anular o julgamento.

Após quinze anos lutando para que o ex-marido fosse preso junto com as pressões internacionais sobre o caso, a justiça do país ainda não tinha dado uma decisão e muito menos, uma justificativa para demora de tal decisão.

As Ong's que apoiavam a causa feminista, apoiaram também para que o caso fosse enviado para OEA (Comissão Interamericana dos Direitos Humanos), que foi, outro marco para história e, pela primeira vez, aceitou uma denúncia de violência doméstica e familiar, e só assim, que conseguiram que o ex-marido fosse preso.

Devido a repercussão e descaso do Brasil com o caso, a Comissão Interamericana dos Direitos Humanos condenou o país devido a omissão e também negligência com o caso de violência doméstica e familiar.

Dentre as punições estava a recomendação para projeto de lei que tivesse como prioridade a proteção da vítima de violência doméstica, e esse foi o impulso fundamental para a criação da nossa lei.

Quando finalmente no ano de 2006, entrou em vigor a lei nº 11.340/06, com o nome de Maria da Penha, em homenagem a mulher que impulsionou a sua criação. Esta lei fixa como crime, a violência contra a mulher.

4. A IMPORTÂNCIA DO FEMINISMO

Mesmo com a evolução da sociedade e da luta do feminismo, infelizmente ainda, estamos em uma sociedade machista e patriarcal que muitas vezes, é omissa a violência contra a mulher por entender que a mulher é inferior ao outro sexo.

Ainda somos minoria no mercado de trabalho, pois entendem que o provedor do sustento da casa tem que ser o homem, ou que algum trabalho não seja "coisa de mulher".

Está enraizado este preconceito em nossa sociedade e temos que lutar para que tal conduta mude, com pequenas atitudes conseguiremos este objetivo.

A sociedade ainda justifica a violência contra a mulher como consequência de alguma atitude. A todo momento a mulher é julgada, pelas roupas, atitudes, pelo horário que estava na rua, quando do outro lado são raras as vezes que julgam o agressor.

Pelos motivos expostos em todo o artigo o feminismo ainda é extremamente importante, porque mesmo que a nossa carta magna tenha como um dos preceitos fundamentais a igualdade, ainda estamos longe de sermos tratadas como iguais.

5. CONSIDERAÇÕES FINAIS

Podemos notar que, mesmo depois de décadas de lutas, ainda temos muito que fazer, levando em consideração que mesmo no século XXI, o machismo está enraizado na nossa cultura.

Analisamos também que, o feminismo da mulher negra também tem como diferencial do feminismo das mulheres não negras, que tem que se provar com o dobro da força pois, aqui vemos que elas, além de sofrerem por serem mulheres também carregam o peso de sua raça, e não podemos negar ou ser omissos que não há uma luta maior para elas.

As mulheres têm sempre que estar provando sua competência, pois sempre a sociedade coloca em xeque sua capacidade para meio corporativo.

Biologicamente falando, ninguém nasce machista, mas devido a cultura do patriarcado se torna machista, não conseguindo enxergar as qualidades da mulher como pessoa, e sim, apenas como uma cuidadora do lar e dos filhos.

Uma das maiores conquista do século XXI foi a entrada em vigor da Lei Maria da Penha (Lei n° 11.340/06), que depois de anos de abusos, Maria da Penha conseguia, pela primeira vez na história que a OEA acatasse um pedido de intervenção em violência doméstica e assim condenando o Brasil por negligência e pedindo que fosse criada uma lei com intuito de proteger a mulher de violências domésticas.

Atualmente muitos criticam o feminismo, alegando que não há mais direitos a serem conquistados pelas mulheres, que já estamos em pé de igualdade com os homens e que não há mais o que ser lutado. No entanto, não chegamos nem perto da equiparação no meio corporativo onde a porcentagem de mulheres no meio corporativo é gritante menor que de homens, pois ainda enxergam que mulheres não servem para este meio.

Ainda temos muito que lutar, tanto para o campo de trabalho, quanto para o fim da objetificação do corpo da mulher, onde é vista como um objeto sexual e para ter filhos. Quando uma mulher decide que não quer ter filhos, ou até mesmo não pode por questões biológicas, ela é mal vista na sociedade, porque é assim que nos veem, como mulheres para cuidar do lar e ter filhos, enquanto os homens tem que ser provedor do sustento da família.

6. REFERÊNCIAS:

BRASIL. **Constituição da República Federativa do Brasil**: promulgada em 5 de outubro de 1988. Disponível em:http://www.planalto.gov.br/ccivil_03/constituicao/constituicao.htm. Acesso em 29 de agosto de 2019.

BRASIL. **Lei Maria da Penha Nº 11.340 de 2006**, promulgada em 07 de agosto de 2006. Disponível em: http://www.planalto.gov.br/ccivil_03/_ato20042006/2006/lei/l11340.htm. Acesso em: 20 de agosto de 2019.

BRASÍLIA. **Dossiê feminino e antirracismo: Apresentação: Feminismo e antirracismo**. Revista Brasileira de Ciência e política – n.16. Data: janeiro a Abril de 2015.p.p7-10. Disponível em: http://periodicos.unb.br/index.php/rbcp/article/view/2221/1973. Acesso em 29 de agosto de 2019.

DAVIS, Angela. **Mulher, raça e classe**. Tradução livre- plataforma gueto,2013.1ª publicação Grã-Bretanha pela the women's, ltda-1982. Disponível em: https://edisciplinas.usp.br/pluginfile.php/4248256/mod_resource/content/0/Angela%20Davis_Mulheres%2C%20raca%20e%20classe.pdf. Acesso em: 29 de agosto de 2019.

HOOKS, Bell. **Não sou eu uma mulher. Mulheres negras e feminismo**. Ed. 1ª. Ano: 1981- Tradução Livre para plataforma gueto- Janeiro 2014. Disponível em: https://plataformagueto.files.wordpress.com/2014/12/nc3a

3o-sou-eu-uma-mulher_traduzido.pdf. Acesso em: 20 de agosto de 2019.

MIRANDA, Cyntia Mara. **Os movimentos feministas e a construção de espaços institucionais para a garantia dos direitos das mulheres no Brasil**. Disponível em: http://www.ufrgs.br/nucleomulher/arquivos/os%20movimentos%20feminismtas_cyntia.pdf. Acesso em: 10 de agosto de 2019.

RIBEIRO, Djalma. **O mito da mulher moderna.** Fonte: Carta Capital. Data: 06 de junho de 2017.Disponível em: http://www.mobilizadores.org.br/textos/o-mito-da-mulher-moderna/. Acesso em: 20 de agosto de 2019.

A MULHER NA PREVIDÊNCIA SOCIAL

Carina Alves Camargo Prestes
Advogada atuante na área de Direito Previdenciário, formada em Direito (2006), Pós-Graduada em Direito Processual Civil, ambos pelo Centro Universitário Eurípedes Soares da Rocha – UNIVEM e Pós-graduanda em Direito do Estado com ênfase em Direito Previdenciário e Tributário, pela Universidade de Marília – UNIMAR, na cidade de Marília Estado de São Paulo, Advogada do Sindicado Nacional dos Aposentados, Pensionista e Idosos da subsede Marília/SP e Vice-Presidente da Comissão da Mulher Advogada da Subseção Marília Triênio Gestão 2016/2018 e 2019/201.

Sumário: 1. Introdução - 2. Histórico mundial – 3. Histórico nacional – 4. Diferenças socioculturais – 5. Estrutura e prestações dos benefícios - 5.1. Salário maternidade – 5.2 Emenda Constitucional 47/05 "donas-de-casa" – 6. Considerações finais – 7. Referências bibliográficas.

1. INTRODUÇÃO

Entendemos, quando se diz que Seguro Social é a Previdência propriamente dita é porque, ser previdente significa ter uma visão antecipada de um fato e tomar, no presente, medidas necessárias para superar as dificuldades decorrentes desse fato. Desta forma, se caracteriza pela reunião de recursos financeiros de todos os que dele participam para formar o fundo comum que fica à disposição daqueles ou daquelas que precisam, em decorrência de um fato futuro previsto.

Portanto, a seguridade social como um conjunto de políticas e ações articuladas, com o objetivo de amparar o indivíduo e/ou seu grupo familiar ante os eventos decorrentes de morte, doença, invalidez, idade avançada, desemprego e incapacidade econômica em geral. É, usualmente, dividida em três componentes: previdência social, assistência social e saúde. Todos sabemos que só se cuida do dia de amanhã, quem, primeiro garante o de hoje, ou seja, sem essa ecologia propícia, por assim dizer, não teria sido possível a criação da previdência social nos moldes racionais que basicamente ainda subsistem.

Em particular, a previdência social trata das contingências que implicam a perda da capacidade de gerar renda, como: morte, acidentes, idade avançada, funções reprodutivas, desemprego, responsabilidades familiares etc. E neste viés, particularmente a previdência social exerce um importante papel na proteção social às mulheres por garantir a renda em idade avançada ou em caso de doença, acidente, morte e, principalmente, maternidade.

Atualmente as mulheres desempenham jornada dupla, trabalho-casa ou trabalho-escola, é componente básico para manutenção da família. Resta então, ao poder público, garantir que essa trabalhadora, já infligida pelos percalços "naturais" decorrentes de seu trabalho, seja orientada quanto aos seus direitos previdenciários.

A Lei 8213/91 dispõe sobre o Plano de Benefícios da Previdência Social e estabelece diferenças pontuais relacionadas à segurada. Em que pese a Constituição brasileira ter igualado homens e mulheres perante a lei, é princípio constitucional a isonomia. Deve-se entender essa igualdade segundo definição de Rui Barbosa: *"A verdadeira igualdade consiste em quinhoar desigualmente aos desiguais, na medida em que se desigualam".*

É fundamental que a sociedade se conscientize, principalmente as mulheres, da importância da previdência social. O sistema previdenciário brasileiro está organizado de acordo com os princípios de garantia aos direitos humanos estabelecidos nas convenções internacionais. Às mulheres filiadas à previdência está garantida a proteção contra os riscos de perda temporária ou permanente da capacidade de trabalho.

Neste texto, serão abordados um breve relato histórico mundial e nacional da origem da previdência social de forma geral e especificamente o marco inicial da mulher na proteção social numa perspectiva histórica e mundial; e as questões do sexo associadas à previdência social no Brasil, como o mercado de trabalho e a estrutura de benefícios.

2. HISTÓRICO MUNDIAL

Embora seja recente na história humana o conceito de proteção social aos riscos do trabalho, é certo que desde os tempos mais remotos e em qualquer lugar do mundo, as civilizações sempre tiveram em mente a preocupação com a insegurança natural dos seres humanos.

Em períodos passados, anteriormente ao surgimento das primeiras leis de proteção social, a defesa do trabalhador quanto aos riscos no trabalho e perda condição de subsistência se dava pela assistência caritativa individual ou pela reunião de pessoas. *Feijó Coimbra*, citando Oscar Saraiva, menciona que nas sociedades romanas e gregas da antiguidade se encontram referências à associações de pessoas com o intuito de mediante contribuição para o fundo comum, receberam socorros em caso de adversidades decorrentes da perda da capacidade laborativa.

Assim, a origem do método de economia coletiva vem de muito longe, desde a antiga Grécia, quando as pessoas previdentes, voluntariamente, procuravam se reunir para criar um meio de enfrentar as consequências adversas de qualquer acontecimento fortuito. Essas primeiras associações de ajuda mútua foram as primeiras manifestações de previdência social. Asseguravam aos seus contribuintes inicialmente empréstimos, depois, despesas com funerais e assistência em caso de doença.

Entendemos que a proteção social durante toda a história era dever da sociedade como um todo, apresentando o caráter de solidariedade até hoje presente, pelo qual todos contribuem para que os necessitados de amparo possam tê-lo.

A evolução da previdência social, a sua origem pela forma jurídica, encontraremos oficialmente na Alemanha Ocidental, na política social de *Otto Von Bismarck,* que durante os anos de 1881 a 1889, elaborou um conjunto de normas, as quais seriam o embrião do que hoje é conhecido como previdência social, assegurando aos trabalhadores o seguro doença, a aposentadoria e a proteção a vítimas de acidentes de trabalho. Em verdade, o seguro, primeiro de coisas e depois de vidas, início privado, e, a seguir social, tornou possível uma paulatina revolução no tocante à proteção social . O seguro social foi a grande solução, talvez a única, pelo menos naquele momento histórico.

Também, na mesma época em outros países da Europa Ocidental adotaram uma conduta semelhante. Na Inglaterra foi promulgada, em 1907, uma lei de reparação de acidentes do trabalho, e, em 1911, outra lei tratou da cobertura da invalidez, à doença, à aposentadoria voluntária e à previsão de desemprego, tornando-a, na época, o país mais avançado de legislação previdenciária.

Ainda dentro da evolução da proteção social no mundo, merece referência a *Encíclica Rerum Novarum*, de Leão XIII, no ano de 1891. A igreja sempre externou sua preocupação de modo frequente sobre o atendimento aos necessitados e ressaltou a importância da participação da sociedade e do Estado no auxílio às pessoas carentes, e esta encíclica foi uma que fez isso de modo muito contundente. Ela expressou a necessidade e uma participação mais ativa, tanto dos particulares como do poder público, e por isso é muito citada no estudo da evolução da proteção social.

Na fase de consolidação, destaca-se a constitucionalização de direito sociais e políticos. A Constituição do México em 1917, pois foi a primeira Constituição no mundo a arrolar e dar sistemática a um conjunto de direitos sociais e a expressar a previdência social, no que foi seguida pela Constituição de Weimar no ano de 1919 na Alemanha. E desta, relevante transcrever, como se fez Rocha, o art.161 de seu texto: *" o império promoverá a criação da saúde e da capacidade para o trabalho, proteção da maternidade, e prevenção dos riscos de idade, da invalidez e das vicissitudes da vida."* Neste contexto, criou-se a proteção social "A MULHER", como proteção a maternidade.

O Organização Internacional do Trabalho – OIT, surgiu com o Tratado de Versailles, em 1971. Em 1927, foi criada a Associação Internacional de Seguridade Social com sede em Bruxelas na Bélgica.

Como evolução do sistema bismarkiano de previdência, atendendo a todos os riscos sociais, como doença invalidez e velhice, surgiu nos EUA o conhecido *social security act*, em 1935, a experiência norte americana do então presidente Franklin Roosevelt, ao instituir a política do New Deal a partir do período pós- Segunda Guerra, com a disseminação das ideias do economista inglês John Maynard Keynes. O qual pregava em síntese o crescimento econômico de intervenção estatal para melhor distribuir a renda nacional.

Nada mais era do que um sistema previdenciário com ampla margem de atuação, pois embora o seguro social fosse imposto pelo Estado a um sistema chamado *bismarckiano*, ou de capitalização, ainda faltava a noção de solidariedade social, haja vista que somente contribuem os empregadores e os próprios trabalhadores empregados numa poupança compulsória.

E como último ponto da evolução da proteção social no mundo, temos o plano *Beveridge* e visava a reformulação completa do sistema previdenciário vigente no Reino Unido. As propostas de Keynes foram aprofundadas por *Lorde William Henry Beveridge*, e que em 1941 foi designado pelo governo britânico para reexaminar os sistemas previdenciários da Inglaterra ao final da Segunda Guerra Mundial.

A ideia do plano *Beveridge*, como foi definido pela imprensa da época, era a proteção "do berço ao túmulo", ou seja, toda pessoa, em qualquer momento da sua vida, teria ampla tutela estatal no momento de necessidade! Criou um sistema universal abrangendo todos os indivíduos, com a participação compulsória de toda a população, este sistema propiciou a universalização da previdência social. A partir daí, nasce o regime *beveridgeano,* ou de repartição, em que toda a sociedade contribui para a criação de um fundo previdenciário, do qual retira são retiradas as prestações para aqueles que venham a ser atingidos por algum dos eventos previstos na legislação de amparo social.

Com isso dessa época em diante materializa a universalização dos direitos sociais, sendo o marco da proteção acrescendo-se ai o seu reconhecimento como categoria integrante do rol de direitos fundamentais, o que fica patente em nível mundial a partir da Declaração Universal dos Direitos Humanos (1948).

Hoje, o seguro social é reconhecido no mundo inteiro. A previdência social, propriamente dita, consiste num sistema de seguro social, entretanto, o alargamento do conceito de previdência social tem abrangido outros programas de proteção social, sem, todavia, serem executados pelo seguro social.

Quando se diz que seguro social é a previdência propriamente dita é porque, ser previdente significa ter uma visão antecipada de um fato e tomar, no presente, medidas necessárias para superar as dificuldades decorrentes desse fato. O seguro social se caracteriza pela reunião de recursos financeiros de todos os que dele participam para formar o fundo comum que fica à disposição daqueles ou daquelas que precisam, em decorrência de um fato futuro previsto.

As primeiras providências quanto à proteção da mulher remontam ao final do século XIX e começo do século XX. Desde então, a necessidade de proteger a mulher por ocasião do parto e resguardar seu emprego antes e depois do mesmo, protegendo-a de possíveis prejuízos materiais, tem sido reconhecida nas constituições de diversos países, como também, em termos mais amplos, na Declaração Universal dos Direitos Humanos, de 1948 em seu artigo 25 parágrafo 2: *"A maternidade e a infância têm direito a cuidados e assistência especiais. Todas as crianças, nascidas dentro ou fora do matrimônio, gozarão da mesma proteção social."* O Artigo 25 também forma a base para os atuais esforços de enfrentar os desafios específicos de milhões de mulheres.

No contexto mundial, são apresentadas as principais convenções da OIT voltadas para a proteção à mulher, no que diz respeito à garantia de benefícios previdenciários, bem como os pontos principais reivindicados pelas mulheres em conferências mundiais organizadas pelas Nações Unidas.

Em sua primeira reunião, a Conferência Internacional do Trabalho em 1919 adotou a Convenção de Proteção à Maternidade, a qual tratava do emprego da mulher antes e depois do parto, dispondo sobre licença maternidade e garantia de remuneração apropriada durante esse período, bem como, garantindo o direito à amamentação. Foi revista em 1952, sofrendo modificações no que diz respeito ao período de tempo mínimo da licença maternidade, a qual passou de 6 para 12 semanas.

Já em 1967 a Convenção 128, que trata de pensão e aposentadoria por idade avançada, estabelece, como idade sugerida para aposentadoria, 65 anos, sem discriminação por sexo. Já a pensão, é prevista apenas para esposas e filhos. A Convenção 156/1981 reconhece a necessidade de se garantir, através de políticas públicas, igualdade de oportunidade e de tratamento para homens e mulheres, bem como, a divisão de responsabilidade com filhos e outros membros próximos da família que necessitem de cuidado ou sustento e que estejam impedidos de se integrar no mercado de trabalho.

A proteção da mulher, no que tange às questões trabalhistas e da seguridade social, está invariavelmente associada com a promoção da igualdade entre os sexos. O princípio da igualdade de salários para ambos os sexos em trabalhos equivalentes foi colocado desde a fundação da OIT, tendo sido relacionada nos princípios gerais sobre as condições de trabalho e, posteriormente, incorporado aos preâmbulos da constituição da referida organização.

Mesmo que esses últimos acontecimentos não tenham resultado no desenho de um instrumento de amplitude internacional, a questão do tratamento igualitário na seguridade social tem sido abordada, com mais clareza, em nível internacional, especialmente à partir de 1975, ano que se constituiu num marco do pensamento contemporâneo sobre a condição da mulher.

Em 1975, a Conferência Mundial do Ano Internacional da Mulher, realizada pelas Nações Unidas na cidade do México, adotou a declaração de igualdade para as mulheres e sua contribuição para o desenvolvimento e a paz, como também um plano de ação mundial para a implementação dos objetivos do Ano Internacional da Mulher e para o período 1976/1985, que foi denominado a década da mulher.

O plano de ação referia-se ao número de instrumentos adotados pelas Nações Unidas e pela OIT através dos quais a comunidade internacional alertava para o fato de que as mulheres deveriam ser tratadas nos mesmos termos dos homens, participando integralmente do desenvolvimento, e que todos os seres humanos, sem exceção, deveriam desfrutar do progresso econômico e social.

O plano definia a igualdade entre homens e mulheres, como igualdade de direitos, oportunidades e responsabilidades. A igualdade deveria estar embutida na lei, de maneira a assegurar as oportunidades na educação e no treinamento, assim como nas condições de trabalho, incluindo aí a remuneração e o acesso à seguridade social.

O movimento desencadeado pelas Nações Unidas em favor da participação da mulher no desenvolvimento econômico e social encorajou a adoção de novas medidas, no sentido de tornar melhor a posição da mulher, bem como, colocá-la em um papel de maior relevância no progresso social em todos os seus aspectos.

Outrossim, em 1975 a Conferência Internacional do Trabalho adotou a Declaração de Igualdade de Oportunidades e Tratamento para mulheres trabalhadoras, simultaneamente com uma resolução, conferindo condições e oportunidades iguais para ambos os sexos na ocupação e no trabalho.

No que se refere à proteção social, ficava proibido qualquer tipo de discriminação contra a mulher e requer a eliminação de diferenças de tratamento que pudessem redundar em discriminação. O plano de médio prazo da OIT para o período 1976/1981 repetiu as recomendações colocadas nos demais textos e inseridas nas prioridades da eliminação de todo tratamento discriminatório da mulher, no que diz respeito à seguridade social.

Na Assembleia Geral das Nações Unidas, realizada em 1980, mais de 70 países aderiram à convenção para a eliminação de todas as formas de discriminação contra as mulheres. Nesta convenção, demanda-se que todos os países membros devem tomar medidas apropriadas para eliminar a discriminação contra as mulheres e lhes garantir direitos iguais aos dos homens.

Essas medidas dizem respeito a remuneração e benefícios iguais, o direito à seguridade social, particularmente nos casos de aposentadoria, desemprego, doença, invalidez e velhice ou outra incapacidade para trabalhar, bem como, o direito à licença remunerada. Por meio desta convenção, ficou proibida a demissão do emprego que tenha como base gravidez.

Em 1985, no último ano da Década da Mulher das Nações Unidas, na 71ª Conferência Internacional do Trabalho adotou a resolução da igualdade de oportunidades e igualdade de tratamento entre homens, no que tange à seguridade social, a conferência ressaltou que nos casos em que a mulher recebesse benefícios diferentes da seguridade social, medidas específicas deveriam ser tomadas para remediar a situação.

Essas medidas deveriam incluir: a provisão adequada de recursos, com vistas a promover a cobertura adequada de benefícios e serviços da seguridade social apropriados para as necessidades das mulheres que trabalham; o desenvolvimento dos sistemas de seguridade social no sentido de garantir igualdade de tratamento entre os sexos e proibindo qualquer tipo de discriminação, em função do estado civil ou familiar, e a gradual extensão da cobertura da seguridade social aos trabalhadores.

Assim os progressos foram verificados pelas políticas públicas quanto gerais, como específicas, atendendo as demandas próprias da mulher, principalmente no que diz respeito à saúde sexual e reprodutiva. A questão da igualdade de tratamento entre homens e mulheres, o que contribuiu enormemente para um avanço nas questões relativas à seguridade social, colocando homens e mulheres em condições iguais, em todos os estágios de suas vidas.

3. HISTÓRICO NACIONAL

A formação de um sistema de proteção social no Brasil seguiu a mesma lógica do plano internacional: origem privada e voluntária, formação dos primeiros planos mutualistas e a intervenção cada vez maior do Estado. A semelhança do que se observa no âmbito mundial, as primeiras formas de proteção social do indivíduo tinham caráter eminentemente beneficente e assistencial. Como exemplos mais antigos ainda no período colonial (1543), a criação das Santas Casas de Misericórdia, atuantes no segmento assistencial, seguindo-se as Irmandades de Ordens de Terceira, e o montepio para a guarda pessoal de D. Joao VI (1808). Nesta mesma época, no ano de 1785 estabeleceu-se o Plano de Beneficência dos Órfãos e Viúvas dos Oficiais da Marinha.

Desta forma, o Brasil só veio a conhecer verdadeiras regras de caráter geral em matéria de previdência social no século XX. A Constituição de 1824, art.179, XXXI mencionava a garantia dos socorros públicos e instituiu o MONTEPIO, sistema típico de natureza mutualista de caráter privado. O Decreto 2.411/1860 regulamentou o financiamento dos Montepios e dos Socorros Públicos. O código comercial, de 1850, em seu artigo 79, garantia três meses a percepção de salários do preposto acidentado, sendo que desde 1835 já existia o Montepio Geral da Economia dos Servidores do Estado (MONGERAL) primeira entidade de previdência privada no Brasil, com uso de cotas de participação dos encargos e benefícios em prol do grupo.

Segundo pesquisas feitas por *Antônio Carlos de Oliveira*, o primeiro texto de matéria de previdência social no Brasil foi expedido em 1921, pelo ainda príncipe Regente, Dom Pedro de Alcântara. Trata-se de um Decreto de 1º de outubro daquele ano, concedendo aposentadorias aos mestres e professores, após 30 anos de serviço, e assegurado um abono anual de ¼ dos ganhos aos que continuassem em atividade.

Após a criação do MONGERAL, em 1988, o Decreto nº 9.912–A, de 26 de março, que previa o monopólio dos Correios, regulou o direito a aposentadoria dos seus empregados, por idade (30 anos de efetivo serviço e idade mínima 60 anos) e por invalidez. Em 1890, o Decreto 221, de 26 de fevereiro, instituiu a aposentadoria para os empregados da Estrada de Ferro Central do Brasil, posteriormente estendidas aos demais ferroviários do Estado.

A Constituição de 1891 foi a primeira a conter a expressão "aposentadoria", a qual era concedida a funcionários públicos, em caso de invalidez. Os demais trabalhadores não possuíam qualquer proteção. Em 1892, a Lei nº 217, de 29 de novembro, por influência dos militares, instituiu a aposentadoria por invalidez e a pensão por morte dos operários do Arsenal da Marinha do Rio de Janeiro. Destacando que este movimento iria resultar na criação do Seguro de Acidentes de Trabalho em 1919. O Decreto Legislativo n. 3724/19 criou o seguro de acidente do trabalho no Brasil, era incumbência do empregador, a qual deveria custear a indenização para seus empregados em caso de acidentes.

Contudo, faz mister ressaltar que tais aposentadorias não poderiam considerá-las como verdadeiramente pertencentes a um regime previdenciário contributivo, já que os beneficiários não contribuíam durante o período de atividade, assim as aposentadorias eram concedidas de forma graciosa pelo Estado.

Em termos de legislação nacional, a doutrina majoritária considera como marco inicial da previdência social a publicação do Decreto Legislativo n. 4682 de 24/01/1923, ainda sob a égide da Constituição de 1891, mais conhecido como Lei Eloy Chaves (por ter sido o Deputado, com esse nome, que, num projeto audacioso (para época), consubstanciou as reivindicações dos trabalhadores da categoria dos *ferroviários)*, que criou as Caixas de Aposentadorias e Pensões (CAP) nas empresas de estrada de ferro existentes, assegurando aposentadoria aos ferroviários e pensões a seus dependentes, além da assistência médica.

Foi a instituição do regime previdenciário sob caixa, em seguida criaram outras Caixas em empresas em diversos ramos da atividade econômica como navegação marítima e fluvial, exploração de portos, serviços públicos dados em concessão e trabalhadores em mineração por força da Lei n. 5.109, de 20/12/1926.

No governo de Getúlio Vargas em face de denúncia de inúmeras fraudes e corrupção, suspendeu as concessões de aposentadorias, e à partir de então, *o governo buscou unificar as caixas de aposentadoria e pensão,* as quais não seriam mais organizados por empresas, mas sim, por categoria profissional surgindo os IAP – Instituto de Aposentadorias e Pensões (dos Marítimos, dos Comerciários, dos Bancários, dos Empregados em transporte de Cargas).

A primeira instituição brasileira de previdência social de âmbito nacional, com base na atividade econômica, foi o IAPM – Instituto de Aposentadoria e Pensões dos Marítimo, criada em 1933 pelo decreto n. 22.872/33. Seguiram-se o Decreto n° 24.273, de 22/05/34 - IAPC. (Comerciários); Decreto n° 24.615, de 09/07/34 - IAPB. (Bancários) e , Lei 367 e Decreto n° 1.918, de 27/08/37 –IAPI- (Industriários), O IPASE (Servidores do Estado), e o IAPETC (Empregados em Transportes e Cargas).

Com a Constituição de 1934, foi a primeira estabelecer, em texto constitucional, com a utilização da expressão previdência, formada por uma estrutura tríplice da fonte custeio previdenciária: contribuição dos trabalhadores, dos empregadores e do Poder Público (art.121, § 1º,h), onde se tornava obrigatória a contribuição, assegurada à gestante o salário maternidade à encargo do patrão, e a aposentadoria compulsória com 68 anos.

A Constituição de 1937 não trouxe evoluções, a não ser a palavra "seguro social", como sinônimo de previdência social.

A Constituição de 1946 foi a primeira a utilizar a expressão "previdência social", substituindo a expressão "seguro social". Em 1960 foi criado o Ministério do Trabalho e Previdência Social e promulgada a Lei n. 3.807/60, unificou toda a legislação securitária, os organismos existentes, e criou normas uniformes para o amparo a segurados e dependentes dos vários Institutos existentes, tendo sido efetivamente colocado em prática, e ficou conhecida como a Lei Orgânica da Previdência Social – LOPS.

Por meio da LOPS, estabeleceu um plano de benefícios amplo e acabou com a desigualdade de tratamento entre os segurados das entidades previdenciárias e seus dependentes. Entretanto, continuaram excluídos da previdência, os rurais e os domésticos.

Quando foi criada a Lei Orgânica da Previdência Social (LOPS), que viria a impulsionar a legislação Previdenciária, com unificação da legislação previdenciária foi a preparação para a unificação final dos IAPs. Com a LOPS, os IAPs continuavam existindo, mas todos se submetiam à mesma lei, o que já foi um grande avanço e simplificação. Apenas em 1º de janeiro de 1967 foram unificados os IAP, com o surgimento do Instituto Nacional da previdência Social – INPS, pelo Decreto Lei n. 72, de 21.11.66.

A Constituição de 1967 estabeleceu a criação o seguro desemprego, até então não havia sido regulamentado e ainda no mesmo ano o SAT – Seguro de Acidente ao Trabalho foi incorporado à Previdência Social pela Lei n. 5.316/67.

Os trabalhadores rurais passaram a ser segurados da Previdência Social à partir da edição da Lei

Complementar n. 11/71 (criação do FUNRURAL). Os empregados domésticos, em função da Lei n. 5859/72, art. 4º. Assim, a previdência social passou a abranger dois imensos contingentes de indivíduos que embora exercessem atividade laboral, ficaram à margem do sistema

A Lei nº 6.439/77, trouxe novas transformações ao modelo previdenciário, desta vez quanto ao seu aspecto organizacional, criou-se o SINPAS - Sistema Nacional de Previdência e Assistência Social, tendo como objetivo a reorganização da previdência social. O SINPAS agregava o INPS, IAPAS, INAMPS, LBA, FUNABEM, DATAPREV e CEME (todos extintos hoje, com exceção da DATAPREV, empresa pública vinculada ao Ministério da Receita Federal).

A Constituição Federal de 1988 estabeleceu pela primeira vez no Brasil, o sistema de Seguridade Social, como objetivo a ser alcançado pelo Estado brasileiro, entendida como um conjunto de ações nas áreas de saúde, previdência e assistência social, de modo que as contribuições sociais passaram a custear as ações do Estado nestas três áreas.

Em 24 de julho de julho de 1991, entraram em vigor os diplomas básicos da seguridade social: a Lei n. 8.212 (Plano de Custeio e Organização da Seguridade Social) e Lei n. 8.213 (Plano de Benefícios da Previdência Social), em substituição à LOPS, as quais tratam respectivamente do custeio da Seguridade Social e dos benefícios e serviços da Previdência, incluindo benefícios por acidente do trabalho, leis que até hoje vigoram, mesmo com alterações ocorridas em diversos artigos.

Hoje, o regulamento da previdência social é o aprovado pelo Decreto n° 3.048/99, o qual regulamenta disposições relativas ao custeio da seguridade e aos benefícios da previdência social, com as alterações subsequentes.

E ainda, atualmente, com inúmeras outras leis e decretos, tratando-se da atualização previdenciária, como podemos citar a Lei n. 9.876/99 (Fator Previdenciário), Emenda Constitucional 20/98, Emenda Constitucional 41/2003 e importante citar a Lei n.10.421/02 que estende às mães adotivas o direito à licença maternidade e ao salário maternidade.

Superado o contexto histórico nacional de forma geral, a inserção da mulher nas questões referentes à seguridade social no Brasil está intimamente ligada aos avanços alcançados por elas mediante a intensificação da sua presença no mercado de trabalho. Até a década de 60 não foram feitas diferenciações significativas quanto ao critério de concessão dos benefícios previdenciários entre os sexos.

Isso se deve ao fato de que até esse momento o sistema previdenciário estava estruturado com base nos Institutos (e Caixas) de Aposentadorias e Pensões (IAPs) das diversas categorias profissionais, onde grande parte dos segurados era do sexo masculino.

Foi apenas com a promulgação da Lei Orgânica da Previdência Social - LOPS e a posterior criação do Instituto Nacional da Previdência Social (INPS), atuando no sentido de unificação do sistema, que começaram a ser adotadas medidas de proteção à mulher.

Essas medidas evoluíram ao longo das últimas décadas. O Quadro A1 do anexo ilustra as principais categorias de benefícios atualmente em vigor no Sistema de Seguridade Social Brasileiro e sua diferenciação quanto ao sexo.

Nesta esteira, salienta que a previdência social é um seguro *sui generis,* pois a filiação é compulsória e além, de coletivo, contributivo e de organização estatal, amparando as beneficiárias contra o chamado riscos sociais.

4. DIFERENÇAS SOCIOCULTURAIS (MERCADO DE TRABALHO, ESTRUTURA FAMILIAR E NÍVEIS DE INSTRUÇÃO)

As diferenças socioculturais têm dado origem a formas distintas de acesso aos benefícios previdenciários entre os sexos. Essas diferenças podem ser estudadas à partir de três determinantes: mercado de trabalho; estrutura familiar e níveis de instrução.

Fica claro o valor significativo do trabalho da mulher, seja jornada dupla, trabalho-casa ou trabalho-escola, é componente básico para manutenção da família. Resta então, ao poder público, garantir que essa trabalhadora, já infligida pelos percalços "naturais" decorrentes de seu trabalho, seja orientada quanto aos seus direitos previdenciários.

O mercado de trabalho da mulher estruturou-se, em suas origens, como uma extensão do trabalho doméstico, assim, foram então privilegiadas áreas como saúde, educação e assistência social. Essa última caracterizada por atividade filantrópica e não-remunerada durante muito tempo.

Atividades urbanas consideradas extenuantes não foram abertas à mão-de-obra feminina, a não ser tardiamente, e somente após avanços tecnológicos que eliminaram, pelo menos parcialmente, a necessidade de força física para a realização de certas tarefas. Outrossim, nas atividades rurais e nas atividades familiares comerciais urbanas, a mão-de-obra feminina tem sido caracterizada pelo *status* de membro familiar não remunerado.

Nos documentos fornecidos pela OIT, são estabelecidas restrições no que diz respeito ao tipo de trabalho e garantias para o exercício das funções reprodutivas da mulher trabalhadora e o caráter temporário e/ou parcial do emprego também tem sido atributo da condição de trabalho da mulher, uma vez que o trabalho doméstico, ao absorver parte do tempo disponível pelas mulheres, exige que muitas se dediquem a outras ocupações com jornada reduzida.

Destaque, essa matéria mereceu convenção da OIT (C175/1994), na qual se procura garantir para os trabalhadores em tempo parcial os mesmos benefícios previstos para aqueles de tempo integral. Nessa convenção, coloca-se que medidas devem ser tomadas, no sentido de facilitar o acesso a um regime de tempo parcial para certos grupos específicos, entre eles trabalhadores com responsabilidades familiares.

Vale comentar, no entanto, que os avanços tecnológicos e a crescente mecanização de certas atividades têm permitido aumentar fortemente o leque de ocupações femininas nos últimos anos. Permanece, no entanto, em muitos países, a tradição das corporações masculinas no controle de muitas ocupações e especialidades profissionais.

Contudo, a tendência atual, porém, é analisar a posição das mulheres no mercado de trabalho, comparando-a com a dos homens, bem como relacionando-a com as particularidades próprias a cada gênero, assim nesta perspectiva, examinar a situação tão somente através de suas ocupações não é, em todos os casos, a melhor forma de medir a condição econômica da mulher. Haja vista, que foi verificado na pesquisa do IBGE que, 90% das mulheres brasileiras trabalham fora e ainda cuidam dos afazeres domésticos, que as mantêm ocupadas por mais 4,4 horas diárias segundo a pesquisa. Ademais, as mulheres são maioria da população no Brasil. Vivem mais tempo, têm mais educação formal e ocupam 44% das vagas de emprego registradas no país.

Muitas mulheres na inserção no mercado de trabalho não levou a uma liberação das atribuições familiares, mas à acumulação dessas duas esferas. Hoje, é pressuposto, dos estudos sobre a mulher, que se deve considerar a articulação entre as atividades produtivas e as funções reprodutivas, bem como, as relações sociais entre os sexos, a qual acaba por determinar a estrutura familiar, até mesmo no que diz respeito à divisão do trabalho doméstico.

De acordo com a Pesquisa Nacional por Amostra de Domicílio (PNAD) 2014, 90,6% das mulheres brasileiras realizam afazeres domésticos. Entre os homens, esse percentual fica nos 51,35%. Entre elas, a média é de 21,35 horas semanais dedicadas ao trabalho de cuidados sem remuneração. Para eles, é menos da metade disso (10 horas).

Essa dupla jornada limita as possibilidades de ascensão profissional das mulheres e, com isso, a elevação da sua remuneração. Como têm menor poder de contribuição e dependem da sua idade ou da morte do cônjuge para obter o benefício, as mulheres recebem um benefício médio menor.

Apesar de receberem 56,9% do total de benefícios previdenciários emitidos, conforme dados de 2015, as mulheres ficam com 52% dos valores. Isto é, apesar de ficarem menos tempo aposentados, os homens recebem mais.

Alguns dos privilégios femininos no campo dos benefícios previdenciários, como idade reduzida na aposentadoria a masculina, estão associados ao discurso e à prática da dupla jornada. Muitos argumentam, no entanto, que a consagração de benefícios privilegiados para as mulheres, associados ao fato de estas terem maiores encargos familiares, pode inviabilizar a própria emancipação da mulher nessas tarefas.

No entanto, pode-se observar, através de convenções de organismos internacionais e de legislações de previdência social nacionais, uma tendência para reconhecer uma realidade social, que é a de uma nova divisão do trabalho doméstico.

Há de ponderar, e é o entendimento de seguridade social como cobertura do indivíduo ou do grupo familiar e parte da legislação foi concebida posicionando a mulher como dependente e com a sua entrada no mercado de trabalho, a recíproca não tem sido verdadeira, deste modo, como exemplo em alguns países, ainda que reconheçam sempre o direito da mulher de receber uma pensão devido à morte do cônjuge, colocam restrições a que este procedimento seja válido para os homens.

No que tange ao nível de instrução, de acordo com relatório do Banco Mundial (2001, p. 43/44), o número de pessoas, do sexo feminino, matriculadas em escolas, bem como o tempo dedicado por elas ao estudo formal, vem aumentando gradativamente numa proporção maior do que aquela das pessoas do sexo masculino, em todas as partes do mundo. Em países da América Latina e da Europa, entre outros, o número de mulheres cumprindo a fase elementar dobrou.

A Síntese dos Indicadores Sociais, elaborada pelo IBGE (Instituto Brasileiro de Geografia e Estatística), mostra que o aumento da escolaridade feminina reduz a fecundidade e a mortalidade infantil, mas, no mercado de trabalho, acentua a desigualdade entre homens e mulheres.

Apesar de todos os dados e contextos que já apresentamos, vale ressaltar que as mulheres têm superado os homens nos indicadores educacionais, que acabam referindo diretamente no mundo do trabalho, segundo o IBGE, 23,5% das mulheres com 25 anos ou mais possuem ensino superior completo, contra 20,7% dos homens.

A maior escolaridade feminina não tem tido grandes resultados na competição entre os sexos para efeitos de mercado de trabalho. Em geral, os mercados de trabalho masculinos continuam relativamente protegidos, embora a competitividade média venha aumentando progressivamente. Por outro lado, a maioria dos postos de trabalho que se abrem para as mulheres é disputada preferencialmente, entre as próprias mulheres, devido às suas características específicas.

Assim como vem ocorrendo em todos os países, a participação feminina no mercado de trabalho brasileiro aumentou consideravelmente nas últimas décadas e nota-se que o emprego feminino já é maior, em nosso país, do que em muitos outros de igual ou maior nível de desenvolvimento, compulsoriamente aumentando cobertura aos benefícios previdenciários.

5. ESTRUTURA E PRESTAÇÕES DOS BENEFÍCIOS

A estrutura de benefícios previdenciários no Brasil, como consequência da distribuição da taxa de contribuição, caracteriza-se por uma presença maior de benefícios para homens, numa sociedade onde o universo do trabalho era, até bem pouco tempo, quase que totalmente masculino.

Lembrando, que Previdência Social é o sistema pelo qual, mediante contribuição, as pessoas vinculadas a algum tipo de atividade laborativa e seus dependentes ficam resguardados quanto aos eventos de infortunística. Previdência é ato ou qualidade do que é previdente, sendo, aquele que prevê, um indivíduo prudente antecipa determinado fato, no sentido de evitar-lhe as suas consequências, danos ou males. É a maneira de antecipar-se, precaver-se contra um futuro que poderá trazer, a cada um de nós, resultados não desejados.

O objeto da relação de previdência social é o acontecimento futuro e incerto que determina para o segurado uma incapacidade para o trabalho ou ganho. Os riscos profissionais objetivam benefícios ou serviços que acobertam o acidente de trabalho, as doenças profissionais e o desemprego, enquanto que os riscos biológicos ou fisiológicos determinam a proteção contra as suas consequências com as prestações devidas nos casos de doença, invalidez, velhice e morte.

A razão de ser da relação jurídica das prestações previdenciárias são os benefícios e serviços, isto é, atividade fim da previdência social: propiciar os meios de subsistência da pessoa humana conforme estipulado na norma jurídica.

Desde modo, a previdência social exerce um importante papel na proteção social às mulheres por garantir a renda em idade avançada ou em caso de doença, acidente, morte e, principalmente, maternidade.

A Lei n. 8213/91 dispõe sobre o Plano de Benefícios da Previdência Social, e prevê as prestações concedidas apenas aos indivíduos que dela necessitem, e estabelece diferenças pontuais relacionadas à segurada mulher:

- *Tempo de serviço* — No regime geral, as mulheres podem se aposentar por tempo de serviço, de forma proporcional, com 25 anos e de forma integral, com 30 anos de serviço.

Em ambas as condições os homens só têm direito a este benefício com cinco anos a mais de tempo efetivo de serviço. Em condições especiais, a única profissão que mantém a diferença é a dos professores do ensino básico e fundamental. Neste caso, as mulheres podem se aposentar, com vencimentos integrais (a menos do fator previdenciário), aos 25 anos de serviço, enquanto os homens só o podem fazer com 30 anos.

- *Idade* — No regime geral, este benefício (aposentadoria por idade) pode ser concedido aos homens rurais com 60 anos e mais e aos homens urbanos com 65 anos e mais. Para as mulheres, as idades são de 55 anos (rurais) e 60 anos (urbanas).

- *Maternidade* — Somente cabível à segurada empregada (inclusive doméstica) por um período de 120 dias, correspondendo a uma licença com valor equivalente à remuneração integral da atividade no último mês antes da licença. Este benefício é pago pela empresa, sendo o valor descontado do devido pela mesma à previdência social.

Em que pese a Constituição Brasileira ter igualado homens e mulheres perante a lei, é princípio constitucional à Isonomia. Deve-se entender essa igualdade segundo definição de Rui Barbosa: "A verdadeira igualdade consiste em quinhoar desigualmente aos desiguais, na medida em que se desigualam". Por conseguinte, há um benefício específico para mulher: salário maternidade.

5.1. SALÁRIO MATERNIDADE

A consolidação das Leis do Trabalho foi o primeiro normativo legal a garantir o descanso remunerado da gestante, antes e depois do parto, sem prejuízo do emprego e do salário, pelo período de quatro semanas antes do parto e depois e oito semanas após o parto (art.392). Posteriormente a Constituição de 1967 garantiu esse direito (art.165, XI), estabelecendo também a proteção da previdência social em relação à maternidade (art.157, XVI).

Com o objetivo de proteger o mercado de trabalho da mulher o legislador também achou viável transformar o benefício outrora trabalhista em previdenciário. Com a Lei n. 6136/74, o salário-maternidade passou a ser pago como prestação previdenciária, retirando o encargo do seu pagamento das empresas, situação que permanece até hoje.

Segundo a redação atual do texto Constitucional de 1988 em seu artigo 201 III, garantiu a proteção à mulher, especialmente a gestante ao Regime Geral da Previdência Social – RGPS, estendendo a duração da licença para cento e vinte dias sem prejuízos do emprego e do salário, consoante disposição contida no art. 7º XVIII.

No Plano de Benefícios da Previdência Social, ou seja, na Lei 8213/91, as regras para a concessão do Salário-Maternidade estão disciplinadas nos arts. 71 a 73. Destacando, que o benefício era originalmente restrito às seguradas empregadas, domésticas e avulsas, sem exigências de carência. A Lei n. 8.861/94 estendeu à segurada especial o direito a percepção do benefício, fixando um salário mínimo, desde que comprovados o exercício da atividade rural durante doze meses imediatamente anteriores a data do início do benefício, mesmo que de forma descontinua.

Posteriormente por meio da Lei n. 9.876/99, estendeu o salário maternidade à segurada contribuinte individual e facultativa, criando regras próprias com relação ao valor e ao prazo de carência.

Por sua vez, com o advento da Lei n.10.421/2002, que alterou a CLT e a LBPS, concedeu o direito à segurada da previdência social, que adotar ou obtiver a guarda judicial para os fins de adoção, pelo período de 120 (cento e vinte) dias, se a criança tiver um ano de idade; 60(sessenta dias) se a criança tiver entre 1 a 4 anos de idade; e de 30 (trinta) dias se a criança tiver de 4 (quatro) a 8(oito) anos de idade.

Salientando, que na adoção realizada por casal, somente a mulher obterá o benefício, já que é restrito às seguradas, caso a adoção seja restrita por homem, não há que se falar em salário maternidade. Também há de destacar no que tange a adoção, que o salário-maternidade é devido à segurada, independente da mãe biológica ter recebido o mesmo benefício, quando do nascimento da criança, mas não será devido quando o termo de guarda não contiver a observação de que é para fins de adoção ou só apresentar o nome do cônjuge ou companheiro (art.93 –A do RPS).

Ainda na adoção, à adotante também só terá direito ao salário maternidade se constar na certidão de nascimento ou no termo de guarda, o nome da segurada adotante ou guardiã.

Quando houver adoção ou guarda judicial para a adoção de mais de uma criança, simultaneamente, será devido um único salário, em relativo a criança de menor idade.

É de destacar que, de acordo com o art.103 do Decreto n. 3048/99, a aposentada que retornar à atividade fará jus ao pagamento do salário-maternidade, contudo raros são os casos de seguradas aposentadas na condição de mães biológicas, no entanto, esta regra é relevante no caso de adoção.

Para fins de concessão do salário-maternidade, considera-se parto o evento ocorrido a partir da 23ª semana de gestação, inclusive o natimorto, ou seja, a interrupção da gravidez após este período, exceto aborto criminoso, dará direito a integralidade do benefício.

Atualmente, a concessão do salário maternidade independe do número de contribuições pagas pela segurada: empregada, trabalhadora avulsa e empregada doméstica. No entanto, para as seguradas contribuintes individuais, segurada facultativa e segurada especial (deve comprovar a atividade laboral nos últimos dez meses imediatamente anteriores a data do requerimento), o prazo de carência é de 10(dez) contribuições mensais.

A Lei n. 9876/99, ao criar o prazo de carência para a concessão do benefício, estabeleceu em caso de parto antecipado o período de 10 (dez) meses e será reduzido em número de contribuições equivalentes ao número de meses que o parto foi antecipado.

O benefício tem início com o afastamento do trabalho pela segurada, o qual é determinado com base no atestado médico ou certidão de nascimento do filho (a), e compete á interessada instruir o requerimento administrativo. A duração do salário-maternidade é de 120 (cento vinte) dias, com início até 28 dias anteriores ao parto e término de 90 (noventa) dias depois dele, considerando o dia do parto. Ocorrendo parto antecipado, o benefício é pago por cento e vinte dias após o parto.

A renda mensal do salário maternidade será igual a remuneração integral da segurada empregada e da trabalhadora avulsa, desta forma, para as demais seguradas consistirá: a) segurada empregada doméstica em valor correspondente ao do seu último salário de contribuição; b) segurada especial em um salário mínimo; c) segurada facultativa e para aquelas que mantenham a qualidade de segurada durante o período de graça, em doze avos da soma de doze últimos salários de contribuição, apurados em período superior a quinze meses.

Cabe lembrar que, no caso de empregos concomitantes, a segurada terá direito ao salário maternidade relativo a cada emprego e os valores serão somados.

Ainda sobre a renda mensal que o salário maternidade da segurada empregada e avulsa, a renda mensal pode ser superior ao teto, assim o salário-maternidade é um benefício que deve ser pago integralmente pela previdência social, independentemente do valor da remuneração da trabalhadora gestante.

O salário-maternidade não pode ser acumulado com benefício por incapacidade, caso a segurada, ao iniciar a licença, esteja recebendo o auxílio doença, por exemplo, este será suspenso, sendo substituído pelo salário-maternidade. Caso a segurada ao término, ainda apresente incapacidade laboral, o auxílio doença será reativado.

A Lei n. 11771/08, inovou ao criar o *Programa Empresa cidadã*, cujo objetivo, foi ampliar para sessenta dias a duração da licença maternidade somente para a segurada empregada. Para que a empregada tenha direito, a empresa terá que aderir voluntariamente ao programa e, em troca, recebe incentivos fiscais. Se houver adesão cabe à empregada requerer a extensão até o final do primeiro mês do após o parto, sendo concedida imediatamente findo o prazo constitucional de 120 dias, passando assim a fruição do benefício por 180 dias. A prorrogação será garantida à empregada que adotar ou obtiver guarda judicial para fins de adoção.

Salientando, que não será o INSS quem concederá e arcará com a prorrogação de 60 dias, mas sim a empresa, que poderá deduzir do imposto de renda devido, desde que tributada com lucro real, vedada dedução com despesa operacional. A lei também pelo Decreto n. 6690/11, permite a extensão às servidoras públicas.

Por fim, a cessação do salário-maternidade ocorre após o período de cento e vinte dias ou pelo falecimento da segurada.

5.2. EMENDA CONSTITUCIONAL N.47/05 "DONAS-DE-CASA".

A alteração constitucional na Emenda Constitucional 47/05 na qual o artigo foi novamente modificado, alterando a redação do parágrafo 12 (EC N.

41/03) e incluindo o parágrafo 13, no sentido de que a Lei disporá sobre sistema especial de inclusão previdenciária para atender a trabalhadores de baixa renda e àqueles sem renda própria que se dediquem exclusivamente ao trabalho doméstico no âmbito de sua residência, desde que pertencentes a famílias de baixa renda.

Claramente, a intenção foi atender a demanda das donas-de-casa, desejosas da jubilação previdenciária, garantindo-lhes acesso a benefícios de valor igual a um salário-mínimo, sistema que terá alíquotas e carências inferiores às vigentes para os demais segurados do Regime Geral de Previdência Social.

O artigo 201, § 13, adicionado pela EC n. 47/05, prevê o obvio, ao afirmar que o sistema de inclusão terá alíquotas e carência inferiores, assegurando que as donas-de-casa de famílias de baixa renda ou sem renda própria poderão se aposentar recebendo um salário mínimo por mês, recolhendo o percentual de 11% para o INSS.

Os meios de comunicação deram ampla divulgação chamando, equivocadamente, de "aposentadoria da dona-de-casa". Contudo não veio, até o momento, a lei reguladora. Observa-se que já existe no sistema uma categoria previdenciária específica para os maiores de 16 anos que não exercem atividade profissional, como exemplo a dona-de-casa, que é a categoria de segurado facultativo.

Portanto, as donas de casa que não estejam exercendo atividade que as filiem como seguradas obrigatórias junto à Previdência social – por exemplo, doméstica, contribuinte individual, empregada – e nem sejam aposentadas por nenhum outro regime de Previdência podem contribuir como seguradas facultativas.

Com o advento da Lei Complementar n.123/06, instituiu o SIMPLES Nacional, ao fixar a possibilidade de contribuintes individuais e facultativos como as donas de casa, recolherem contribuições equivalentes a somente 11% do salário-mínimo. Nesta condição, terão garantia de benefícios do RGPS no mesmo vale, exceto a aposentadoria por tempo de contribuição que fica excluída por força do art. 21, § 2º da Lei 8212/91 com redação dada pelo LC N. 123/06.

Esses são os principais enfoques da mulher na previdência. As demais regras independem de observação quanto ao segurado ser do sexo masculino ou feminino, são as mesmas. Significa dizer que as disposições contidas no artigo 201 da Constituição Federal, as regras dos demais benefícios previstos nos artigos 42 à 86 da Lei n. 8213/91 como auxílio doença, aposentadoria por invalidez, aposentadoria por idade rural e urbana, aposentadoria por tempo de serviço, aposentadoria por tempo de contribuição, estas somente conforme alhures na idade e tempo de contribuição, aposentadoria especial, auxilio doença, auxilio acidente, auxilio reclusão, salário família, abono anual e pensão por morte são gerais. Do mesmo modo o benefício assistencial de prestação continuada ao idoso e deficiente, previsto no atr. 203, V, da Constituição Federal regulamentado pela Lei n. 8742/93.

6. CONSIDERAÇÕES FINAIS

A análise da previdência social referente a mulher, seja no Brasil, seja em outros países, revela a proteção social mais tardia que os homens, assim que as mulheres estão, aparentemente, em piores condições, isto é, recebem benefícios em condições menos privilegiadas (aposentadoria por idade *versus* aposentadoria por tempo de serviço, por exemplo) e com valores mais baixos que os auferidos pelos homens, haja vista desempenharem a dupla jornada, limitando as possibilidades de sua ascensão profissional e, com isso, a elevação da sua remuneração, com maior tempo de serviço contributivo.

Tal situação, antes de refletir injustiças na concessão dos benefícios, revela a maior precariedade da condição feminina no mercado de trabalho, tanto em termos ocupacionais, como em termos salariais. A permanência da mulher por maior tempo no mercado informal, a inserção em ocupações de menor qualidade e remuneração acabam por definir a situação da mulher, em termos previdenciários, ao final de sua vida ativa.

No entanto, no que tange à seguridade social, considerações sobre equidade devem ser ponderadas, assim se, dadas as condições prévias, existe o mesmo tratamento e regras de acesso para ambos o sexo? A previdência não pode ser um mecanismo para resolver distorções prévias de outras áreas, como o mercado de trabalho.

As formas pelas quais, historicamente, foram se criando adicionais de proteção à mulher, em termos de direitos previdenciários (menor tempo de trabalho ou idade para concessão do benefício; direito a pensões em condições mais vantajosas que os homens), não devem ser vistas apenas como resposta ao argumento da dupla jornada, mas também a precariedade da trajetória da vida ativa feminina, em relação à masculina.

Nota-se que, as sociedades modernas vêm passando por grandes transformações na dinâmica do mercado de trabalho, com a inserção da mulher em novas ocupações, profissões e responsabilidades administrativas e gerenciais. Em uma sociedade de direitos e oportunidades iguais no mercado de trabalho, é possível que o movimento relacionado à igualdade de tratamento, ao lado do trabalho doméstico compartilhado pelos gêneros, possa dispensar determinadas vantagens recebidas pelas mulheres no campo previdenciário como a possibilidade de se aposentar antes dos homens, tanto em idade como em tempo de serviço, como já acontece em determinados países no contexto mundial, e faz parte da proposta de emenda a Constituição, PEC 06/2019 em tramitação no Congresso Nacional que a proposta inicial é igualar idade e o tempo de contribuição para ambos os sexos.

Quanto aos direitos previdenciários garantidos às mulheres, em função de diferenças biológicas, como a licença-maternidade, existem propostas que vinculam sua extensão aos cônjuges, uma vez que, numa sociedade de trabalho doméstico compartilhado, muitas das tarefas associadas aos primeiros meses de vida da criança devem ser divididas pelo casal, e não serem atribuições exclusivamente femininas.

7. REFERÊNCIAS BIBLIOGRÁFICAS

BANCO MUNDIAL. ***Engendering development through gender equality in rights, resources, and voice***. Washington, D.C.: Oxford University Press, 2001.

BRASIL. **Constituição da República Federativa do Brasil**, de 05 de outubro de 1988.

_____. **Plano de Benefícios**. Lei 8213, de 24 de julho de 1991.

_____. **Plano de Custeio**. Lei 8212, de 24 de julho de 1991.

_____. **Decreto 3048/99**.

_____ **Anuário Estatístico da Previdência Social 2015.**

_____ IBGE - **Pesquisa Nacional por Amostra de Domicílio**.

CASTRO, Carlos Alberto Pereira de e LAZZARI, João Batista. **Manual de Direito Previdenciário**. 12ªEdição. São Paulo: LTR, 2010.

COIMBRA, Feijó. **Direito Previdenciário Brasileiro**. 2ª Edição. Editora Edições Trabalhistas. Rio de Janeiro: 1990.

DUARTE, Marina Vasques Duarte. **Direito Previdenciário**. Porto Alegre: Editora Verbo Jurídico, 2004.

IBRAHIM, Fábio Zambitte. **Curso de Direito Previdenciário**. 13ª Edição. Editora Impetus, Rio de Janeiro, 2008.

ISSN 1415-4765, TEXTO PARA DISCUSSÃO N° 867, **Mulher e Previdência Social: O Brasil e o mundo**, Kaizô Iwakami Beltrão, Maria Salet Novellino, Francisco Eduardo Barreto de Oliveira, André Cezar Medici, Rio de Janeiro, março de 2002

OLIVEIRA, Antônio Carlos de. **Direito do Trabalho e Previdência Social**: Estudos, LTR,1996.

PANCOTTI. Luiz Gustavo Boiam. **Conflitos de Princípios Constitucionais na Tutela de benefícios previdenciários**. São Paulo: LTR, 2009.

ALIENAÇÃO PARENTAL

Cleomara Cardoso de Siqueira
Advogada, formada em Direito, pela Universidade de Marília – UNIMAR (1998), Graduada pela Escola Superior da Magistratura do Estado do Paraná (1999), pós graduada em Direito Processual Civil – Lato Sensu - pelo Centro Universitário Eurípedes Soares da Rocha de Marília/SP – UNIVEM (2002), Coordenadora Regional da Mulher Advogada da OAB/SP (2016/2018) e Presidente da Comissão da Mulher Advogada (desde 2016).

Sumário: 1. Introdução – 2. Família – 2.1. A evolução da família – 2.2. Poder familiar – 3. Alienação Parental – 3.1. Formas de alienação - 4. Síndrome da Alienação Parental – 5. Considerações Finais – 6. Referências Bibliográficas.

1. INTRODUÇÃO

Cumpre mencionar que o tema escolhido para desenvolvimento deste artigo é em decorrência do grande número de conflitos familiares que envolvem crianças e adolescentes, cujos seus responsáveis muitas vezes não têm consciência das consequências psicológicas que podem ocasionar com algumas atitudes que caracterizam atos de alienação parental.

E, em decorrência desses conflitos, no dia a dia da advocacia nos deparamos com problemas atinentes a divórcio, partilha de bens, guarda de filhos, direito de visitas, momento em que acaba gerando acusações de um genitor por outro e como forma de vingança, praticam atos de alienação parental em relação àquele ser que eles tanto amam na relação, que são seus filhos.

Da mesma forma, pessoas envolvidas indiretamente nesses conflitos familiares, como os avós, tios, cuidadores, responsáveis pelos menores e pessoas que convivam com os litigantes e que mantem um vínculo estreito e próximo dessa criança ou adolescente também podem praticar atos que caracterizam alienação parental.

Portanto, visa o presente trabalho trazer informações claras a população sobre eventual conduta nociva e aos operadores do direito sobre as atitudes que caracterizam atos de alienação parental, com intuito de conscientizar, prevenir e facilitar o seu real enquadramento na norma, como também visa informá-los sobre as consequências psicológicas aos menores envolvidos nessa relação.

A decisão de inserirmos esse tema neste livro relacionado ao poder das mulheres frente aos desafios da sociedade foi levado em consideração o fato da guarda dos filhos ser predominantemente materna e, por consequência, ser a mãe a alienadora.

Segundo o IBGE, a justiça brasileira ainda privilegia a mãe como responsável pela criação dos filhos. Em 2011, 87,6% dos divórcios concedidos no Brasil terminaram com a guarda das crianças e adolescentes delegada às mães. *"É usual no país o entendimento de que as mães sejam responsáveis prioritárias pelos filhos"*, aponta o documento. Em 2001, esse percentual era um pouco maior: 89,7%, mas percebe-se que houve um aumento de processo com alegações de atos de alienação parental.

Desta forma, visando conscientizar e abolir o exercício de condutas maléficas contra as crianças e adolescentes, que são as maiores vítimas dos processos judiciais familiares, foi criada a Lei nº 12.318 de 26 de agosto de 2010, cuja lei nos traz o conceito de alienação parental, formas exemplificativas de atos de alienação parental, procedimentos a serem adotados pelos operadores do direito para apuração dos atos de alienação parental e penalidades atribuídas ao alienante.

Contudo, apesar dessa lei ter entrado em vigor em meados do ano de 2010 podemos perceber que as pessoas pelas quais a lei foi direcionada ainda se encontram desprovidas de conhecimento claro e preciso do que vem a ser os atos de alienação parental e suas consequências.

Da mesma forma, podemos perceber que o próprio judiciário não está efetivamente preparado para atender o crescente número de processos judiciais que envolvem atos de alienação parental, o que, para alguns, tem ocasionado decisões injustas por haver um desvirtuamento do propósito protetivo da criança e adolescente, por submetê-los a abusadores e, algumas vezes, afastando-os de seus genitores injustamente, motivo pelo qual foi apresentado o Projeto de Lei do Senado (PLS) 498/2018, de autoria do ex-senador Magno Malta, visando revogar a Lei da Alienação Parental.

Mas para a Comissão da Mulher Advogada da 31ª Subseção do Estado de São Paulo – Subseção de Marília, a continuidade da vigência da Lei nº 12.318/10 é indispensável para a saúde psicológica e mental das nossas crianças e adolescentes, posto que atos de alienação parental podem ocasionar no alienado a síndrome da alienação parental e isso pode justificar o crescente número de suicídios envolvendo crianças e adolescentes.

Assim, com intuito de ampliar a conscientização da população e a prevenção dos atos de alienação parental, essa comissão elaborou um projeto de lei, que foi apresentado como de autoria do Vereador José Luiz Queiroz (Projeto de Lei nº 145/2017), cujo projeto foi aprovado por unanimidade de votos, tornando-se a Lei Municipal nº 8.199 de 14 de março de 2018, que alterou a Lei nº 7.217/10, que trata das datas comemorativas e de eventos na cidade de Marília, para o fim de incluir entre essas datas comemorativas a semana que compreende o dia 25 de abril como a "Semana de Conscientização e Prevenção a Alienação Parental".

Portanto, dando sequência aos trabalhos de conscientização e prevenção a Alienação Parental, espero proporcionar lhes uma leitura leve, porém, instrutiva para àqueles que se possam achar numa situação que caracterize os atos de alienação parental, como também aos colegas de trabalho que militam na área do direito de família.

2. FAMÍLIA

2.1. A EVOLUÇÃO HISTÓRICA DA FAMÍLIA

O assunto ora tratado se faz necessário discorrer historicamente sobre a família para entender as mudanças havidas em sua constituição, as suas diversas modalidades e ainda a sua extinção, posto que, na maioria dos casos, a extinção da família pelo divórcio é uma das principais causas da ocorrência dos atos de alienação parental.

Pois bem. Desde os primórdios imperava-se o modelo de família patriarcal, onde a finalidade era a constituição de uma grande nação pela consanguinidade, na qual o homem era o chefe de família, pois competia a ele gerir a unidade através da produção pela força laboral, visando sempre o progresso da entidade familiar; enquanto que a mulher competia o trabalho no lar e o cuidado para com os filhos. Marca-se, nesse período, como regra, uma mulher submissa e dependente financeiramente do homem.

Todavia, durante o século XX houve uma severa modificação da família, no tocante aos papéis do homem e da mulher, o que repercutiu na sua constituição. Isto porque, com a Revolução Industrial houve a necessidade maior de mão de obra, passando a fazer parte desse mercado de trabalho as mulheres, as quais passaram a ser também responsáveis pelos proventos do lar.

Nesse período as mulheres não buscavam a independência financeira, mas passaram a trabalhar fora de casa em decorrência da necessidade de se sustentarem e também de sustentarem àqueles com quem elas conviviam, sendo em muitos casos as únicas responsáveis por esse papel; porém, a coordenação financeira ainda era de responsabilidade exclusiva do homem.

Com as mudanças ocorridas dentro do seio familiar, vieram as inquietações e os conflitos interpessoais dentro das questões relacionadas à família e com elas vasta mudança nas relações do direito de família, dentre elas: o casamento civil, direito ao desquite, a guarda dos filhos, a proteção ao filho adulterino, a emancipação da mulher casada, a dissolução da sociedade conjugal pelo divórcio, o reconhecimento da união estável, o reconhecimento das famílias monoparentais e o reconhecimento das uniões homoafetivas.

Com a evolução da legislação brasileira na regularização dos conflitos familiares houve internamente a principal mudança do objetivo da sociedade familiar, visto que antes ela era considerada apenas a união de duas pessoas responsáveis por criar uma nova geração e, com a evolução, ela passa a ter como objetivo a afetividade entre os seus integrantes.

Em decorrência da mudança do objetivo da sociedade familiar ambos integrantes, por amor e afetividade, passam a ser responsáveis pela guarda e educação dos filhos, mesmo após a extinção da sociedade conjugal.

2.2. O PODER FAMILIAR

Na vigência do Código Civil de 1916, como nossa sociedade era oriunda de um sistema patriarcal, o poder familiar era denominado de pátrio poder, no qual o pai exercia o poder de modo absoluto sobre todos os integrantes da família e a mulher só o possuía com o falecimento do marido, mas ainda assim poderia perdê-lo a qualquer momento se contraísse novas núpcias.

O Estatuto da Mulher Casada (Lei nº 4.121/1962), que estabeleceu a emancipação da mulher casada, assegurou o pátrio poder para ambos os pais e o que antes era um poder absoluto do pai sobre sua prole passa a ser dever de ambos para com seus filhos.

Com o advento da Constituição Federal de 1988 promoveu-se a equiparação entre pai e mãe no que diz respeito ao exercício do poder familiar, estabelecendo que o poder familiar está no dever dos pais de assistir, criar, educar os filhos menores, assegurando-lhe o direito à vida, à saúde, à alimentação, à educação, ao lazer, à profissionalização, à cultura, à dignidade, ao respeito, à liberdade e à convivência familiar e comunitária, além de coloca-los a salvo de toda forma de negligência, discriminação, exploração, violência, crueldade e opressão.

O poder familiar passa a ter uma garantia constitucional e reafirma o dever natural do pai e da mãe de proteção da prole, com a finalidade de prepará-lo e encaminhá-lo para vida futura, sem qualquer conotação de domínio sobre seus filhos.

Segundo Ana Carolina Carpes Madaleno e Rolf Madaleno (2017, p. 33) *"o poder familiar é irrenunciável, intransferível, inalienável e imprescritível, pertencente a ambos os pais, do nascimento aos 18 anos, ou com a emancipação de seus filhos"*. Portanto, mesmo em caso de pais separados, o não detentor da guarda continua titular do poder familiar.

Aliás, a guarda é um atributo do poder familiar, podendo esta ser unilateral, que atribui a um só genitor os cuidados direto com o filho e pode ser compartilhada, que é a obrigatória atualmente (Lei nº 13.058/2014), na qual ambos genitores dividem de forma equilibrada o tempo de permanência que cada um deles terá com a prole.

Desta forma, o poder familiar é um dever de ambos os genitores em relação a sua prole, diferente da guarda que é relativo aos cuidados diretos com os filhos.

Entretanto, o poder familiar é fiscalizado pelo Estado e em caso de descumprimento desse dever por qualquer um dos genitores, este infrator poderá sofrer uma sanção, que é a de suspensão ou a destituição do poder familiar, mas sempre no interesse dos menores.

A suspensão do poder familiar pode ocorrer de forma parcial ou total, de acordo com a gravidade, mas pode ser revista a qualquer momento, sendo ela decorrente do abuso de autoridade, de faltas inerentes ao poder familiar, da ruína dos bens dos filhos. Já a extinção do poder familiar está taxativamente prevista em lei, sendo ela decorrente da morte dos pais ou do filho, da sua emancipação, da maioridade, adoção, da decisão judicial decorrente de suspensão reiterada e na forma do art. 1.638 do Código Civil.

Portanto, atualmente, o poder familiar é um dever de ambos dos genitores para com seus filhos, mas esse dever é fiscalizado pelo Estado, pois em caso de inadimplência o genitor pode sofrer uma sanção de suspensão ou extinção.

3. ALIENAÇÃO PARENTAL

No decorrer dos vários anos pudemos perceber as mudanças no comportamento na sociedade e, por consequência, nas legislações. Essas mudanças passaram a permitir a extinção da sociedade familiar pela separação e atualmente pelo divórcio direto, momento em que surgem os conflitos em relação a prole, seja por descaso, vingança ou barganha de um dos genitores.

De acordo o Instituto Brasileiro de Geografia e Estatística (IBGE) o número de divórcios no Brasil aumento de 161,4% em dez anos e em meio aos conflitos familiares ocorridos no âmbito do processo judicial ocorrem os casos ou alegações de atos de alienação parental praticados contra os menores, não obstante esses atos também possam ser verificados durante o convívio dos entes na sociedade conjugal antes mesmo da extinção da sociedade conjugal.

Ressalte-se ainda que nem sempre a alienação ocorre através de pais que se separaram, sendo muito comum nos depararmos com situações em que são genitores em decorrência de algum relacionamento momentâneo, cujo filho comum passa a ser inserido no meio de um conflito e dúvidas são embutidas em sua mente causando abalo emocional.

Visando proteger a prole dos envolvidos nesses conflitos familiares, bem como coibir a prática de alienação parental foi aprovada a Lei 12.318/10, que relaciona os atos de alienação de forma exemplificativa e estabelece sanções aos alienantes.

Contudo, a referida lei não elenca as consequências psicológicas causadas aos menores que sofrem atos de alienação parental, o que motivou a Comissão da Mulher Advogada da 31ª Subseção da Ordem dos Advogados do Brasil – OAB Marília a lutar pela aprovação de uma lei municipal que estabelece, entre as datas comemorativas, a Semana de Conscientização e Prevenção a Alienação Parental (Lei Municipal nº 8.199/2018), a fim de conscientizar a população das consequências danosas àqueles que mais sofrem com os atos de alienação parental.

De acordo com Lei nº 12.318/10 considera ato de alienação parental a interferência na formação psicológica da criança ou do adolescente — promovida ou induzida por um dos genitores, pelos avós ou pelos que tenham a criança ou adolescente sob a sua autoridade, guarda ou vigilância — para que repudie o pai ou a mãe ou que cause prejuízo ao estabelecimento ou à manutenção de vínculos com os genitores.

Assim, estabelece a referida lei, exemplos de atos de alienação parental, que são: fazer campanha de desqualificação da conduta do genitor no exercício da paternidade ou maternidade, dificultar o exercício da autoridade parental, dificultar contato de criança ou adolescente com genitor e dificultar o exercício do direito regulamentado de convivência familiar.

A lei também considera alienação parental os atos de omitir deliberadamente do genitor informações pessoais relevantes sobre a criança ou adolescente, inclusive escolares, médicas e alterações de endereço; apresentar falsa denúncia contra genitor, contra familiares deste ou contra avós, para obstar ou dificultar a convivência deles com a criança ou adolescente; e mudar o domicílio para local distante, sem justificativa, visando dificultar a convivência da criança ou adolescente com o outro genitor, com familiares deste ou com avós.

O objetivo da conduta do alienante na prática de algum desses atos consiste, na maior parte dos casos, em prejudicar o vínculo da criança ou do adolescente com o genitor não guardião.

Neste caso, é imprescindível os responsáveis sempre estarem atentos aos comportamentos da criança ou adolescente, pois aquele que está sendo submetido os atos de alienação parental podem apresentar sinais de ansiedade, nervosismo, agressividade e depressão, entre outros comportamentos que podem ser indicativos de que a situação está ocorrendo.

Isto porque, a figura dos pais geralmente é a principal referência de mundo e de sociedade para os filhos e, em muitas situações de alienação parental, provoca a deterioração dessa imagem, causando impactos não apenas na relação filial, mas também na formação da criança em seus aspectos intelectual, cognitivo, social e emocional.

A alienação parental fere, portanto, o direito fundamental da criança à convivência familiar saudável, sendo, ainda, um descumprimento dos deveres relacionados à autoridade dos pais ou decorrentes de tutela ou guarda.

Os exemplos descritos pela lei como sendo atos de alienação parental são de extrema importância para facilitar a compressão daqueles estão praticando esses atos, daqueles que sofrem as consequências das acusações, mas, principalmente, daqueles que militam na área e tem o encargo de levar ao judiciário esses casos sem causar maiores danos psicológicos aos menores.

3.1. FORMAS DE ALIENAÇÃO

A Lei nº 12.318/10 nos traz exemplos das condutas que caracterizam a alienação parental, visando esclarecer a sociedade e os operadores de direito, conforme passa a discorrer:

3.1.1. REALIZAR CAMPANHA DE DESQUALIFICAÇÃO DA CONDUTA DO GENITOR NO EXERCÍCIO DA PATERNIDADE OU MATERNIDADE

Essa conduta ocorre quando um dos pais implanta no filho a ideia de abandono ou desamor pelo outro genitor, fazendo a criança ou adolescente acreditar que seu genitor não é uma boa pessoa.

São exemplos de fala comum ou assemelhada: *"Seu pai não se interessa por você, agora ele tem outra família..."* ou *"Seu avô tem dinheiro e não ajuda nas suas despesas, então você não deveria mais visitá-lo...".*

Segundo Fábio Vieira Figueiredo e Georgio Alexandridis essa conduta:

> "Trata-se de uma campanha de permanente desqualificação do genitor guardião, diretamente dirigida ao infante, criando, com a reiteração de ataques injuriosos e com difamantes argumentos, uma atmosfera de insegurança e de instabilidade emocional, capaz de fazer que o progenitor injuriado

> assuma o papel que lhe é atribuído e resulta no afastamento psicológico da criança em relação ao seu guardião oficial, ou gerar no próprio guardião um sentimento de impotência e uma sensação de incapacidade pessoal para o exercício da guarda".

A conduta ora descrita não está adstrita ao casal que está litigando, pois, essa desqualificação pode ocorrer durante a sociedade conjugal, muito embora seja no litígio que essa conduta fica mais acentuada entre as partes.

De acordo com a lei, a desqualificação de um dos genitores através da alienação parental deve ser punida em proporção com a gravidade do caso, que pode ser desde uma advertência formal ao alienador até o pagamento de multas e suspensão da autoridade parental.

3.1.2. DIFICULTAR O EXERCÍCIO DA AUTORIDADE PARENTAL

O genitor pode dificultar o exercício da autoridade parental quando os pais não vivam juntos e a guarda do filho fica com um ou com outro (guarda unilateral) ou permanece com ambos, mas um dos genitores dificulta essa autoridade.

Ressalte-se que em qualquer das modalidades de guarda, os pais permanecem com o direito de educar, participar ativamente da vida dos filhos e ter autoridade sobre eles, posto que a ruptura dos pais não altera em nada o dever do genitor não guardião de conviver e se comunicar com a prole.

O genitor não guardião tem o dever de vigilância para com sua prole, devendo ele ser informado sobre a vida, o estado de saúde, físico e emocional, sobre seus estudos, sua educação, sua moral e sua religião.

Todavia, a conduta descrita nesse inciso, decorre da campanha do genitor guardião de desautorizar a autoridade do genitor não guardião, determinando que a criança ou adolescente ignore ou despreze os comandos do genitor não guardião, fazendo com que eles sigam somente os comandos do genitor guardião.

Neste caso, o genitor guardião diz a criança ou adolescente que o outro genitor está errado, que ele é imprestável, que o que ele diz não tem valor, de forma a impedir a autoridade parental deste genitor.

3.1.3. DIFICULTAR O CONTATO DA CRIANÇA OU ADOLESCENTE COM GENITOR

A criança ou adolescente tem o direito de conviver com ambos os pais, mesmo que em datas e horários previamente estipulados, devendo o genitor guardião induzir e facilitar essa convivência.

A conduta descrita nesse inciso ocorre quando os filhos vivem em companhia de um único genitor e este dificulta o contato deles com o outro genitor não guardião, seja através de telefone, mensagens ou até mesmo restringindo o período de convivência.

É importante para a construção integral da personalidade dos filhos a convivência com seus genitores, motivo pelo qual o contato com o genitor não guardião não deve se restringir aos horários de visitas, podendo essa convivência não ser necessariamente presencial, mas por telefone, e-mails, internet, correspondência, entre outros meios de comunicação.

O genitor guardião que impede que o filho atenda o telefone, proíbe acesso ao computador ou celular para não ter o convívio com o genitor não guardião pratica ato de alienação parental.

Todavia, não caracteriza ato de alienação parental o impedimento da mãe de deixar o filho pernoitar na casa do pai, quando se trata de criança de pouca idade e que exige constante presença materna, como é o caso da criança que ainda mama.

3.1.4. DIFICULTAR O EXERCÍCIO DO DIREITO REGULAMENTADO DE CONVIVÊNCIA FAMILIAR

Com a separação dos pais, estes resolvem por consenso ou por meio de decisão judicial, a guarda dos filhos, que é um direito inerente à criança e ao adolescente, como também é um dever do genitor não guardião.

Contudo, frequentemente o genitor guardião acaba boicotando a convivência do filho com o genitor não guardião e também com os avós, sob o argumento que a própria criança não quer desfrutar da convivência do genitor não guardião. Para tanto, o genitor guardião acaba propondo tarefa ou lazeres que o menor irá preferir estar com este e não com o genitor não guardião.

São exemplos dessa conduta *"quando a mãe agenda programações nos horários que seriam de convivência da criança com o pai"* ou *"quando o pai inventa que o filho está doente para que ele não vá para um passeio com a mãe"*

E ainda *"Hoje ele não pode ir, pois vamos fazer um passeio...". "Ela não vai, porque não pode faltar à aula de catecismo...". "Parece que ela está febril, então é melhor que fique...". "Meu filho não visita o pai porque não gosta de ficar na casa dele..."*..

Nesse caso, o Poder Judiciário visando fazer cumprir as visitas ajustadas ou ordenadas, ele impõe pena pecuniária, com multa *(astreintes)*, como também ameaça trocar de guarda se a multa não surtir efeito e ainda impõe ao genitor alienante um tratamento psicológico, mediante fiscalização do judiciário.

3.1.5. OMITIR DELIBERADAMENTE O GENITOR INFORMAÇÕES PESSOAIS RELEVANTES SOBRE A CRIANÇA OU ADOLESCENTE, INCLUSIVE ESCOLARES, MÉDICAS E ALTERAÇÕES DE ENDEREÇO

As informações referentes à criança ou ao adolescente devem ser comunicadas aos pais para que estes participem da vida dos filhos. Omitir do outro genitor eventos escolares, algum problema de saúde ou mudança de endereço também caracterizam atos de alienação parental.

Essa omissão que impede um dos genitores de participar da vida cotidiana dos seus filhos provoca uma fragilidade no vínculo paterno ou materno e gera na criança um sentimento de abandono por parte do genitor não participante, reforçando o discurso do genitor alienador e pode ocasionar uma repulsa do filho ao genitor afastado.

3.1.6. APRESENTAR FALSA DENÚNCIA CONTRA GENITOR, CONTRA FAMILIARES DESTE OU CONTRA

AVÓS, PARA OBSTAR OU DIFICULTAR A CONVIVÊNCIA DELES COM A CRIANÇA OU ADOLESCENTE

A conduta ora descrita é sem dúvidas a mais grave e perversa de todas já especificadas, pois trata de uma falsa denúncia contra o genitor e familiares, como os avós, tudo com o propósito doentio de obstar a convivência de um dos genitores.

As repercussões emocionais e sociais para as crianças ou adolescentes são graves, deixando-os vitimizados ou até mesmo incutindo falsas memórias.

As demandas judiciais têm apresentado um número crescente de alegações de abuso sexual de um genitor em relação aos seus filhos, porém, constata-se que na maioria das vezes tratar-se de uma falsa denúncia.

Contudo, as consequências advindas dessa falsa denúncia acabam por aniquilar a relação entre os pais e filhos, pois, na dúvida em relação a grave acusação, os juízes preferem afastar o direito de visitas, fato que é agravado diante da demora da conclusão dos processos, que acaba por impedir o contato com o genitor falsamente acusado com seu filho.

Neste caso de alegação de abuso sexual, o juiz convoca uma equipe, como psicólogos, médicos e assistentes sociais para apurar a veracidade do alegado, bem como para constatar eventuais danos físicos ou psicológicos no menor.

As provas a serem apresentadas pela equipe multidisciplinar do judiciário para fundamentar as decisões dos processos tendem a ser duvidosas, pois se trata de casos que normalmente não se tem testemunhas e a equipe se utiliza de relatos do alienante e da criança, que, em muitas vezes, por ser criança de tenra idade, não consegue se expressar e verbalizar os fatos corretamente.

Todavia, no caso de existência ou inexistência da constatação da violência sexual contra o menor, o que se constata é que a criança ou adolescente foi vítima desse conflito familiar, seja ela em decorrência do abuso sexual ou em decorrência do ato de alienação parental praticada por um dos genitores, motivo pelo qual o judiciário deve estar atento e não julgar apenas sobre a inexistência do crime de abuso, mas também penalizar o causador do ato de alienação.

3.1.7. MUDAR O DOMICÍLIO PARA LOCAL DISTANTE, SEM JUSTIFICATIVA, VISANDO A DIFICULTAR A CONVIVÊNCIA DA CRIANÇA OU ADOLESCENTE COM O OUTRO GENITOR, COM FAMILIARES DESTE OU COM AVÓS

A presente conduta trata-se de um caso visível de afastamento físico do filho de um dos seus genitores sem qualquer justificativa, na qual o genitor guardião muda de forma súbita e sem explicações para outro domicílio, mostrando ser uma pessoa insensível na formação da identidade psíquica dessa criança.

Isto porque, o afastamento físico do menor acaba por desencadear o afastamento afetivo, atingindo, consequentemente, o objetivo do alienador.

Essa conduta não proíbe a mudança do genitor guardião, mas apenas exige que a mudança seja justificada e que haja a comunicação do genitor não guardião.

Além disso, os espaços livres, tais como férias, feriados, festividades de final de ano, devem ser compartilhados e se possível priorizados, em favor daquele genitor que passa a maior parte do ano, sem a presença diária do filho.

3.1.8. OUTRAS CONDUTAS NÃO EXEMPLIFICADAS NA LEI

A cartilha sobre Alienação Parental produzida pelo Poder Legislativo do Estado de Pernambuco descreve outros exemplos de condutas que caracterizam atos de alienação parental, posto que também podem promover o afastamento de um determinado genitor da vida do filho, tais como:

a) Induzir a criança e/ou adolescente a reconhecer o (a) novo (a) companheiro (a) como pai/mãe;

b) Crença de que o (a) outro (a) genitor (a) não sabe cuidar da criança e/ou adolescente, tendo como convicção que é o único ou a única que é capaz de ser o (a) guardião (ã), mostrando-se extremamente apegado ao filho;

c) A criança e/ou adolescente passam a integrar as percepções negativas do (a) genitor (a) como se fossem suas, a ponto de evitar o contato com o pai ou a mãe, ou mesmo se recusar ter a convivência;

d) Em alguns casos, a recusa da criança e/ou adolescente se estende aos demais familiares;

e) O (A) genitor (a) pode dificultar a avaliação psicológica ou psicossocial, negando-se a participar dos atendimentos, induzindo as falas dos filhos ou mesmo mantendo uma postura manipuladora com os profissionais;

f) A criança e/ou adolescente tem dificuldade de demonstrar afeto pelo genitor (a) na frente do outro para não o (a) desagradar;

g) Falta de sentimento de ambivalência da criança e/ou adolescente diante do genitor (a), referindo somente sentimentos negativos, não se recordando de lembranças positivas;

h) Dificuldades na criação/educação dos filhos podem ser supervalorizadas, gerando mais desentendimentos e sofrimento e

i) Falsas acusações de violência (física, psicológica, sexual ou negligência) contra os filhos.

Destarte que as condutas descritas neste estudo se trata apenas de exemplos de atos de alienação parental, que não se restringem aos incisos da lei, podendo outros casos ser constatado pelo judiciário pela ocorrência de atos de impedimento de convívio de um genitor com sua prole de forma injustificada.

4. SÍNDROME DA ALIENAÇÃO PARENTAL

A síndrome de alienação parental é decorrente dos atos de alienação parental sofrido pelo menor, também conhecida pelas siglas SAP e em inglês PAS e é denominada por alguns autores tais como Maria Berenice Dias e Eduardo Ponte Brandão como "Implantação de Falsas Memórias" ou "Abuso do Poder Parental" e foi descrita pela primeira vez em meados do ano de 1980 pelo médico psiquiatra norte-americano Richard Gardner, o qual a definiu como a rejeição injustificada da criança a um dos genitores no pós-divórcio.

Portanto, é um transtorno psicológico já instaurado, que se caracteriza por um conjunto de sintomas que demonstra a transformação da consciência do menor em relação ao genitor não guardião, em virtude das diferentes formas e estratégias de atuação do genitor guardião, com o objetivo de impedir, obstaculizar ou destruir seus vínculos com o outro genitor.

A criança ou adolescente que sofre alienação parental apresenta um sentimento constante de raiva e ódio contra o genitor alienado e sua família; se recusam a dar atenção, visitar, ou se comunicar com o outro genitor, como também guarda sentimentos e crenças negativas sobre o outro genitor, que são inconsequentes, exageradas ou inverossímeis com a realidade.

A Síndrome da Alienação Parental pode ocasionar diversos sintomas, como: depressão crônica, ansiedade, pânico, uso de drogas e álcool como forma de aliviar a dor e culpa da alienação, incapacidade de adaptação em ambiente psicossocial normal, transtornos de identidade e imagem, baixa autoestima, sentimento incontrolável de culpa, sentimento de isolamento, comportamento hostil, não conseguem ter relações estáveis quando adultos, falta de organização, possuem problemas de gênero, tem dupla personalidade e às vezes até mesmo a vontade de se suicidar.

Desta forma, cabe aos pais, detentores do poder familiar, evitar que consequências tão graves ocorram com seus filhos em decorrência da ruptura da sociedade conjugal ou outros litígios relacionados à prole, posto que após ser instalada a síndrome da alienação parental na criança e adolescente traz consequências psicológicas nefastas a todos os envolvidos nessa relação familiar.

5. CONSIDERAÇÕES FINAIS

Ao longo dos tempos pudemos perceber as marcantes mudanças da família, visto que antes era pautada numa sociedade patriarcal, onde o homem era o chefe de família, os vínculos eram constituídos por interesses patrimoniais e os filhos eram de responsabilidade exclusiva do pai.

Mas durante o século XX, ante o ingresso das mulheres no mercado de trabalho e a tímida conquista da independência financeira, verificou-se que as sociedades conjugais passaram a ser constituídas pela afetividade e, por consequência, houve uma maior preocupação com a proteção e guarda da prole, passando a responsabilidade do poder familiar para ambos os pais.

Da mesma forma, com as mudanças da sociedade vários tipos de família surgiram ao longo dos anos, porém, manteve-se a responsabilidade do poder familiar aos pais.

Com a modificação da constituição da família e da sociedade conjugal também vieram as alterações legislativas, as quais passaram a prever a possibilidade de extinção da sociedade conjugal pelo divórcio, momento em que, na maioria das vezes, os filhos desse casal passam a ficar sob a guarda unilateral da mãe ou de forma compartilhada entre os pais, mas em meio a grandes conflitos.

Todavia, o aumento do número de conflitos judiciais envolvendo a prole não está adstrito aos casais que conviveram no seio da sociedade conjugal, pois, por vezes, os conflitos também ocorrem com o nascimento de filhos advindo fora da sociedade conjugal.

Os conflitos judiciais envolvendo a prole também não estão adstritos aos pais dos menores, mas também aos avós, tios, cuidadores e outras pessoas que tem responsabilidade para com os menores.

Assim, atualmente esses pais ou familiares estão travando grandes embates judiciais, movidos por um sentimento que denominam de amor sem limites ou apenas pelo sentimento de vingança.

Em meio a esses conflitos judiciais, permanece a prole, confusa, com medo e ainda, em muitos casos, sofrendo as consequências dos atos do alienador e à mercê daqueles que tem a responsabilidade de protege-los, mas que naquele momento de conflito acabam por causar graves danos psicológicos aos menores.

Com intuito de proteger essas crianças e adolescentes desses conflitos é que surgiu a Lei nº 12.318/2010, a qual elenca condutas descritas como sendo atos de alienação parental, o procedimento a ser adotado pelos operadores do direito na ocorrência desses atos e as sanções a serem aplicadas aos alienadores.

Contudo, a Comissão da Mulher Advogada da 31ª Subseção da Ordem dos Advogados do Brasil – OAB Marília/SP, com intuito de prevenir a ocorrência dos atos de alienação parental, entendeu ser importante a conscientização da sociedade sobre as consequências nefastas a todos envolvidos neste vínculo familiar doentio, motivo pelo qual lutou pela aprovação da Lei Municipal nº 8.199/2018, que alterou a Lei Municipal nº 7.217/2010, a fim de incluir no calendário de datas comemorativas do município de Marília/SP a "Semana de Conscientização e Prevenção a Alienação Parental", momento em que têm a possibilidade de demonstrar a população os danos psicológicos ocorridos nesta criança ou adolescente vitimadas desses atos de alienação parental.

Os atos de alienação judicial podem ocasionar nas crianças e adolescentes a síndrome da alienação parental, que podem ser identificados por diversos sintomas, como: depressão crônica, ansiedade, pânico, uso de drogas e álcool como forma de aliviar a dor e culpa da alienação, incapacidade de adaptação em ambiente psicossocial normal, transtornos de identidade e imagem, baixa autoestima, sentimento incontrolável de culpa, sentimento de isolamento, comportamento hostil, não conseguem ter relações estáveis quando adultos, falta de organização, possuem problemas de gênero, tem dupla personalidade e às vezes até mesmo a vontade de se suicidar.

Em meio a essa conscientização os mecanismos judiciais são lembrados com o objetivo de quebrar esse ciclo da síndrome da alienação parental, vindo a assegurar e fortalecer o efetivo exercício do poder familiar.

Portanto, continuaremos na luta contra dos atos de alienação parental que vitimizam nossas crianças, a fim de tornam uma sociedade mais justa e equilibrada.

6. REFERÊNCIAS BIBLIOGRAFICAS

DRESCH, Márcia. **A instituição familiar na legislação brasileira: conceitos e evolução histórica**. Data publicação: setembro de 2016. Disponível em: https://jus.com.br/artigos/51795/a-instituicao-familiar-na-legislacao-brasileira-conceitos-e-evolucao-historica. Acesso em: 20 de agosto de 2019.

FERREIRA, Consuelo Taques. **Alienação Parental às avessas**. Curitiba: Juruá Editora, 2019.

FIGUEIREDO, Fábio Vieira; ALEXANDRIDIS, Georgios. **Alienação Parental**. São Paulo: Saraiva, 2011. P. 50.

GONÇALVES, Carlos Roberto. **Direito Civil Brasileiro. Volume VI – Direito de Família.** São Paulo: Saraiva, 2009.

LEITE, Eduardo de Oliveira, Ob. Cit. P. 271-272

MADALENO, Ana Carolina Carpes; MADALENO, Rolf. **Síndrome da Alienação Parental. Importância da Detecção. Aspectos Legais e Processuais.** 5ª edição. Rio de Janeiro: Forense, 2018.

MADALENO, Rolf Madaleno. **Curso de Direito de Família.** 5ª edição. Rio de Janeiro: Forense, 2013.

MADEIRO, CARDOSO. IBGE: **Guarda compartilhada de filhos dobra em 2011, mas ainda representa só 5,4% do total.** Data: 17 de dezembro de 2012. Disponível em: https://noticias.uol.com.br/cotidiano/ultimas-noticias/2012/12/17/ibge-guarda-compartilhada-de-filhos-dobra-em-2011-mas-ainda-representa-so-54-do-total.htm?cmpid=copiaecola. Acesso em: 20 de agosto de 2019.

MOREIRA, Marina. Síndrome da alienação parental. Data: 29 de dezembro de 2014. Disponível em: www.direitonet.com.br/artigos/exibir/8794/Sindrome-da-alienacao-parental-o-direito-e-a-psicologia. Acesso em 29 de agosto de 2019.

MPPR, Ministério público do Paraná. **Direito de Família - alienação parental. O que você precisa saber sobre direito de família.** Disponível em:

www.mppr.mp.br/pagina-6665.html. Acesso em 29 de agosto de 2019.

NOTÍCIAS, SENADO. **Alienação parental divide especialistas em audiência na CDH.** Data: 26 de junho de 2019. Disponível em: https://www12.senado.leg.br/noticias/materias/2019/06/26/alienacao-parental-divide-especialistas-em-audiencia-na-cdh. Acesso em: 15 de agosto de 2019.

SAP. **Síndrome de alienação parental**. Disponível em: www.alienacaoparental.com.br/o-que-e. Acesso em 20 de agosto de 2019.

O PODER DO EMPODERAMENTO FEMININO NO COMBATE À VIOLÊNCIA DOMÉSTICA

Daniele Cristina Bordenal
Advogada, formada em Direito (2013), especialista em MBA em Recursos Humanos (2009), ambos, pelo Centro Universitário Eurípedes Soares da Rocha de Marília/SP – Univem; Graduada em Administração pelo Unisalesiano de Lins/SP (2006); Membro da Comissão da Mulher Advogada (2019) e Diretora de Eventos- voluntária do Projeto Semear Marília (2013).

Sumário: 1. Introdução - 2. O advento da palavra empoderamento – 2.1 Empoderamento feminino – 3. Violência doméstica e a lei Maria da Penha – 3.1 Tipos de violência doméstica e familiar – 4. O empoderamento como forma de combate a violência doméstica – 5. Considerações finais – 6. Referências bibliográficas

1. INTRODUÇÃO

O presente artigo tem por objetivo principal entender como o movimento do empoderamento feminino pode trazer benefícios frente aos casos de violência sofridos pelas mulheres.

Tendo em vista que, o assunto apesar de ter nascido de um termo genérico, foi se adaptando ao longo do tempo de acordo com o surgimento das necessidades dos grupos sociais. Assim, atualmente muito ainda se busca para entender o que significa o termo empoderamento feminino.

Por este motivo, o presente trabalho busca especificar os seguintes objetivos individuais:

a) entender o que significa o termo empoderamento no sentido genérico do conceito;

b) aprofundar o conhecimento referente ao surgimento do movimento promovido pelas mulheres denominado empoderamento feminino;

c) estudar quais são os tipos de violência que as mulheres sofrem, buscando seu embasamento na Lei Maria da Penha e

d) identificar os benefícios que o poder do empoderamento feminino pode trazer para as mulheres no combate a violência.

Assim, este artigo inicia-se com o entendimento e a natureza do conceito trazido por Paulo Freire sobre o empoderamento e suas nuances, até chegar ao movimento do empoderamento feminino.

Em seguida, conceitua os tipos de violência tipificadas em lei, e por fim, o impacto que a força da mulher pode promover através do planejamento e conhecimento que o movimento propicia para a sociedade feminina.

2. O ADVENTO DA PALAVRA EMPODERAMENTO

O surgimento da palavra "empoderamento", teve origem da palavra em inglês ***empowerment***, onde o núcleo ***power***, significa "Poder".

No Brasil, a partir dessa ótica, em meados de 2011, o educador e filósofo Paulo Freire, considerado um dos pensadores mais notáveis da história da pedagogia mundial, se apropriou do conceito trazido do inglês e o adaptou para o português, com o nascimento da palavra EMPODERAMENTO.

Conforme se menciona em diversas pesquisas bibliográficas realizadas por acadêmicos do mundo todo, na sua visão, Paulo Freire, com todo seu conhecimento e sabedoria, enfatizou o poder da essência que a palavra possuí aos movimentos que estavam surgindo, com intuito de conquista da liberdade e ainda, para estimular a superação das pessoas que têm estado subordinadas a dependência de outrem.

Assim, segundo o dicionário brasileiro Aurélio, a palavra empoderamento é conceituada da seguinte forma:

> "Ação de se tornar poderoso, de possuir poder, autoridade, domínio sobre o processo de empoderamento das classes desfavorecidas. Gíria. Passar a ter domínio sobre sua própria vida; ser capaz de se tomar decisões sobre o que lhe diz respeito...". https://www.dicio.com.br/empoderamento/

O conceito abordado não especifica qual o tipo de grupo ou gênero que pode ser utilizado tal renome (empoderamento) e sim, o objetivo principal, que é de dar a alguém ou a um grupo o poder de tomar decisão, através de diversas formas de educação e conscientização, o que depende apenas da linha de seguimento de trabalho de cada um.

Enfim, a criação ou a adaptação da palavra empoderamento trazida por Paulo Freire, surgiu de maneira genérica, assim, todos os grupos e/ou indivíduos, podem se beneficiar do conceito, que deve ser alinhado com a sua atividade ou movimento social.

2.1 EMPODERAMENTO FEMININO

Inicialmente, antes de adentrarmos ao universo do movimento denominado empoderamento feminino, é importante salientar que viemos enraizados em uma cultura machista, imposta por décadas pela cultura social.

Pode-se dizer, que esta cultura nos é ensinada desde muito cedo por nossos familiares. Cultura esta que é presente em todo o mundo, na qual se prega intrinsicamente que, o homem está acima das mulheres em todas as situações.

Neste contexto, trazido de muitos anos, a mulher é vista para ficar em casa, onde os espaços privados são destinados para elas, enquanto que os espaços dos homens são públicos e indeterminados.

Se pensar que o machismo provém somente das pessoas do sexo masculino enganam-se, pois bem, exemplo simples é o da minha querida avó Dona Susana (*in memoriam*) que sempre esteve abraçada com os sentimentos machistas.

Minha querida avó sempre dizia que os afazeres domésticos eram tarefas das mulheres e não dos homens, proibindo qualquer homem da família de ajudar no âmbito domiciliar.

Este é apenas um exemplo dentre muitos que acontecem todos os dias, mas sabemos que a maioria das famílias convivem com estas situações machistas.

Desta forma conclui-se que, a sociedade ainda hoje, vive em um sistema patriarcal no qual, objetiva que o homem deve estar sempre no comando da maioria das atividades. Isto está preso no inconsciente das pessoas, mesmo que pareça absurdo.

Ocorre que, graças a diversos e fortes movimentos feministas que vem ocorrendo desde então, a mulher vem requerendo em uma luta contínua o seu espaço de respeito.

E assim, vagarosamente esse cenário tem sido modificado, surgindo movimentos que estão trazendo grande representatividade feminina no combate ao machismo que foi pregado desde sempre.

Pesquisas bibliográficas mencionadas em artigos sobre o assunto aqui estudado, demonstram que do ano de 2011 para cá, um novo movimento vem ganhando espaço, força e dimensão no universo da cultura social.

Este movimento denominado Empoderamento Feminino, ainda não foi conceituado especificamente por nenhum estudioso ou autor de renome, pois o conceito que embasou o início deste movimento, foi dado por Paulo Freire, conforme já escrevemos anteriormente através do termo genérico empoderamento.

No último ano, a curiosidade vem aumentando e o tema foi largamente pesquisado na internet (*google trends*), veja:

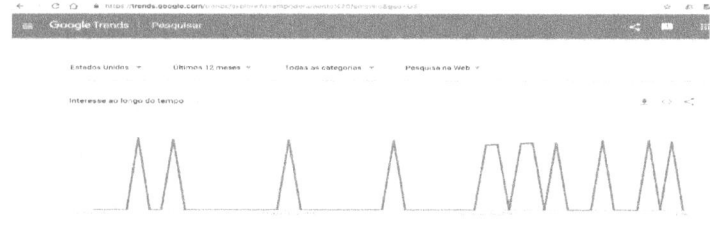

O empoderamento feminino é fundamentado por sua atuação frente aos diversos problemas sociais relacionados às mulheres.

Assim, sua finalidade é a capacidade de conferir às mulheres o poder, a potência, o direito e a determinação de decidir suas próprias vidas, seu próprio destino, através da conquista de seu espaço frente a sociedade de mente machista, sejam homens ou até as próprias mulheres.

Empoderamento feminino consiste em conceder a antecipação social das mulheres em diversos setores, para que as mulheres se posicionem em todos os campos: o trabalho, a política, o econômico e muitos outros.

O propósito deste movimento é o fortalecimento da classe feminina, seja ela feita em grupos ou de forma individual, e com isso, conquistar seu espaço de liderança, nas situações em que seu comando é desprezado ou negado pelos homens.

Exemplo clássico em que a mulher pode **"se empoderar"** em uma determinada situação é o fato de que, existem muitas mulheres que fazem um trabalho, com a mesma qualidade e mesma perfeição técnica do que os homens e ganham muito menos, pelo simples fato de serem mulheres, isto é visivelmente gritante, mas ainda ocorre.

Assim, com a força atribuída a este movimento, que se perfaz com união da classe feminina, serve para determinar como e quando ocupar seu espaço, fazendo acontecer sem ter que dar explicações, demostrando sua capacidade de evolução sem a dependência ou o aval machista.

Neste sentido, importante frisar que a mulher empoderada não está assumindo o papel do homem e sim se fazendo representar perante a sociedade, com a mesma qualidade e intelectualidade de todos os seres humanos, sejam eles homens ou mulheres.

Por fim o empoderamento feminino traz a ideia, o conceito, a finalidade de que mulher tem a capacidade de evoluir, *"por si própria"*, com seus próprios recursos, sem a autorização do homem.

No momento em que a sociedade machista (homens ou mulheres), perceber que esse fato não precisará mais ser ensinado ou demostrado através de movimentos feministas ou do empoderamento feminino, teremos então chegado a igualdade absoluta de ideias entre as classes, dispensando assim, a necessidade de abrir a mente daqueles que fingem não ver o avanço feminino.

3. A VIOLÊNCIA DOMÉSTICA E A LEI MARIA DA PENHA

Em todos os meios de comunicação, além da televisão, as notícias de violência doméstica e familiar praticada contra a mulher é constante e parece até filme de ficção científica.

As diversas pesquisas diariamente divulgadas por órgãos de reputação ilibada sobre o assunto, nos mostram um crescente e assustador índice de violência a cada ano que passa.

E no combate a esse caos, como medida de atenuar ou até mesmo intimidar os agressores à prática da violência feminina, no ano de 2006 entrou em vigor a Lei nº 11.340, denominada como Lei Maria da Penha, em homenagem a farmacêutica Maria da Penha, que sofreu violência doméstica durante 23 anos de seu casamento.

A lei "*cria mecanismos para coibir a violência doméstica e familiar... todas as formas de discriminação contra as mulheres...para prevenir, punir e erradicar a violência..*" (Ementa da Lei 11.340 de 07/08/3006).

Com a criação e o alcance desta lei, muito se avançou na proteção das mulheres, contudo, infelizmente a maioria das pessoas desconhecem que a referida lei não protege somente contra os casos agressão física e sim, outros tipos de violências que a cada dia estão se tornando comuns e visíveis perante a sociedade e autoridades competentes.

O remédio imediato da lei foi o combate a violência física, no entanto, ela aborda outros tipos de violência que podem ser denunciadas e combatidas, e que por falta de conhecimento das vítimas são poucos buscadas como medida de proteção.

No mais, a maioria da população acredita que a violência, seja ela qual for, é sofrida em sua maioria pela classe média baixa, mas, engana-se quem pensa desta forma, pois não importa qual é a classe social, pois sua abrangência é indiscriminada.

Notadamente, pesquisas mostram que a classe média alta simplesmente deixa de denunciar, onde o motivo mais forte é a exposição social, pois a vítima sente que poderá prejudicar sua carreira ou vida social/profissional.

3.1 TIPOS DE VIOLÊNCIA DOMÉSTICA

Os tipos de violência se encontram definidas no capítulo II da lei 11.340 de 07/08/2006, denominadas: *"As formas de violência doméstica e familiar contra a mulher"*, tipificadas através do artigo 7º, incisos I ao V, vamos conhecer e entender cada uma delas.

a) violência física

É o tipo mais conhecido no meio social, e segundo a lei é caracterizada por qualquer ação que ofenda a integridade e saúde corporal.

A violência física é qualquer ato que atinja e cause ferimentos ou hematomas no corpo da vítima, tais como: socos, empurrões, tapas, chutes, puxões de cabelo queimaduras, agressão com objetos, além da privação para alimentar-se.

Através de pesquisas bibliográficas, mídias e depoimentos por vídeos, constata-se, que o agressor após ter cometido o ato violento e, ao ser questionado, apenas diz que agrediu porque *"foi obrigado a se defender"*.

E o pior ainda, entendem que os atos que cometeram não são considerados como violência física e sim apenas uma briga e desta forma, tentam de todas as maneiras virar o jogo para colocar a culpa do ato sobre a mulher/vítima.

b) violência psicológica

A violência psicológica quando praticada por muito tempo em um relacionamento (normalmente pelo companheiro) pode ser tornar motivo principal para que a mulher venha cometer suicídio, por isso, este tipo de agressão ainda precisa ser muito divulgada no universo feminino, pois a maioria das mulheres desconhecem que este é um tipo grave de violência. Veja o conceito:

> "...entendida como qualquer conduta que lhe cause **dano emocional** e **diminuição da autoestima** ou que lhe prejudique e perturbe o pleno desenvolvimento ou que vise degradar

ou controlar suas ações, comportamentos, crenças e decisões, mediante ameaça, constrangimento, humilhação, manipulação, isolamento, vigilância constante, perseguição contumaz, insulto, chantagem, violação de sua intimidade, **ridicularização**, exploração e limitação do direito de ir e vir ou qualquer outro meio que lhe cause prejuízo à saúde psicológica e à autodeterminação". (destaques nossos).

É extremamente relevante a importância de entendermos e divulgarmos este tipo de agressão, para que as mulheres tomem consciência que esse ato pode ser punível perante a legislação.

Diversas são as situações de violência psicológica e segundo estudos de especialistas e psicólogos (bibliográficas), estes podem ser divididos em três tipos: *verbal* (chamamentos, humilhações); *moral* (acusações, difamações, indiferenças, etc) e de *desqualificação* (desqualificar tudo o que a pessoa pensa e quer), vejam as situações:

✓ ato destinado a ferir e controlar as ações e comportamentos;

- ✓ controlar as decisões (a mulher não pode decidir) e as crenças da pessoa, usando este ato como meio de humilhação;
- ✓ isolamento da mulher no campo social, deixando claro que o trabalho desenvolvido pela mulher sempre é inferior ao desenvolvido por seu companheiro;
- ✓ manipulação, controle e ameaças diretas;
- ✓ humilhar, gritar e rebaixar a mulher perante as pessoas, amigos, parentes e outros;
- ✓ o agressor desqualifica todas as atitudes, ideias, vontades da mulher, enfatizando que ela não faz nada que preste ou que seja realmente importante;
- ✓ perseguição, *bullyng*, destruição da imagem;
- ✓ chantagem, submete a necessidade de alguém a uma retribuição que fere a vítima, etc.

A maioria das vítimas que passam por este tipo de violência, às vezes mal sabem o porquê isso está acontecendo, e pouco a pouco, a mulher vai sentindo medo e ficando assustada cada vez que o agressor chega em casa ou se aproxima, pois ela nunca sabe o que ele vai falar.

A parceira passa a sentir calafrios, angústia e começa a sofrer por antecipação, pois sabe que a qualquer momento o seu parceiro começará praticar esta violência.

Baseado nas situações acima, outros diversos exemplos costumam ocorrer, além destes já mencionados.

c) violência sexual

Segundo a lei Maria da Penha, a violência sexual é "...*qualquer conduta que constranja a presenciar ou manter relação sexual não desejada, mediante a intimidação, ameaça, coação ou uso da força*...".

Além disso, este tipo de violência também é praticada quando a vítima é induzida a comercializar sua sexualidade, impedindo-a de utilizar métodos contraceptivos ou ainda quando a force ao matrimônio, à gravidez, ao aborto ou à prostituição.

d) violência patrimonial

Caracterizada pelo ato que retenha, subtraia ou destrua parcial ou totalmente os seus objetos pessoais, instrumentos de trabalho, documentos pessoais, bens, valores e direitos ou qualquer recurso econômico.

Um exemplo comum que pode ser mencionado são os processos de divórcio, onde a mulher ao manifestar o seu desejo de separar, o seu ex-marido/companheiro, destrói todos os objetos do lar, documentos e outros a fim de puní-la pela decisão de romper o vínculo, como forma de coagí-la a manter-se em convivência.

e) violência moral

No que tange à violência moral, esta é entendida como qualquer ato/conduta que configure calúnia, difamação ou injúria, punidos também pelo código penal.

4. O EMPODERAMENTO COMO FORMA DE COMBATER A VIOLÊNCIA DOMÉSTICA

Conforme já vimos, o empoderamento feminino é dar poderes sociais às mulheres, mostrando que elas podem viver no mesmo espaço masculino com a mesma, ou até com melhor execução de qualidade no trabalho, e em todos os campos da sociedade.

Com isso, para que as mulheres que sofrem a violência doméstica se tornem empoderadas, antes de tudo, é necessário que ela saiba a importância do seu significado e que pode ser feito de muitas formas.

É através do trabalho de conscientização das vítimas, que podem ser realizados por grupos feministas, grupos jurídicos e ainda, por organizações sociais que a cidade comumente possuí, pois, só assim, começa vencer a barreira do medo de se defender e procurar ajuda.

Sabemos que este trabalho não é tão simples como parece, no entanto, ele pode começar pela divulgação através das diversas mídias sociais, palestras em todos os tipos de comunidades, com intuito de informar como e onde as vítimas podem procurar ajuda.

Passada essa fase, é necessário que o empoderamento feminino seja realizado por meio do conhecimento das leis, mostrando a garantia da sua proteção (mesmo que seja o básico), ou seja, fazendo com que as vítimas identifiquem cada vez mais a forma de combate as agressões e também quais as penas que os ofensores podem sofrer.

Com isso, ao empoderar as vítimas de conhecimento, elas passam a ter um maior poder que antes não tinham, e isso se torna mais uma ferramenta de coragem para dar o primeiro passo em sua defesa, que é o de procurar ajuda e denunciar.

Estatísticas de violência também estão ligadas ao machismo, pois os "*machões*", ainda vivem na época das cavernas, acreditando que todos os problemas se resolvem por meio da agressão, com único intuito de demonstrar que sua virilidade é defendida por meio da agressão.

O medo assombra as vítimas, pois não sabem o que as esperam no "pós agressão" e por isso, muitas vezes deixam de denunciar.

Além disso, sabemos que existem outros fatores que freiam as denúncias, no entanto, por se tratar de um assunto complexo exige-se etapas que devem ser preparadas não só pelo poder público, mas também pelo apoio psicológico de diversos grupos sociais como por exemplo as casas de apoio das cidades.

Contudo, o ponto inicial mais importante é empoderar as vítimas, por intermédio do conhecimento constante, do apoio psicológico a todas as classes sociais, já que a violência não escolhe condições financeiras ou gêneros sociais.

O conhecimento, o apoio de grupos privados e públicos, bem como trabalhos informativos como este, são influenciadores, além de ser um respaldo às vítimas que sofrem e também, as que estão sendo ameaçadas

Empoderar no tocante à violência doméstica é fornecer subsídios adequados para que elas se sintam fortes e sem medo de lutar por sua liberdade de escolha.

5. CONSIDERAÇÕES FINAIS

O assunto sobre o empoderamento feminino não é tão recente como a maioria imagina. Ocorre que agora ele vem ganhando força e está sendo rapidamente difundido.

Isso está ocorrendo exatamente porque, hoje não se pode mais permitir que haja diferenças entre gêneros, o mundo já não tolera mais essa afronta à capacidade e inteligência feminina.

Desta forma, conscientizar toda sociedade de que a época das cavernas já acabou, traz a nossa realidade um conceito de paridade nas relações interpessoais.

Ainda, sabemos que os casos de violências são muitos e infelizmente ainda crescentes. No entanto, apesar de algumas vítimas ainda se calarem frente às agressões, a grande maioria já se conscientizou do seu empoderamento individual e conhecem quais atitudes podem tomar para se defenderem.

Por isso, este é o início de uma jornada promissora, e quanto mais pessoas, informarem e divulgarem trabalhos neste sentido, o movimento de empoderar as vítimas agredidas cresce consideravelmente, dando mais visibilidade para a sociedade, com a cooperação das autoridades responsáveis para punir ativamente os agressores.

Além disso, os agressores saberão que é preciso tomar muito mais cuidado nos seus ímpetos de machões ignorantes, pois hoje não se coloca mais *"panos quentes"* em situações tão graves como a violência doméstica.

O movimento do empoderamento feminino está crescendo cada dia mais, não só para demostrar que podemos realizar os trabalhos com a mesma qualidade que a classe masculina, e sim, para conscientizar as vítimas de que temos recursos legais disponíveis a serem aplicados.

O importante é que as agressões e mortes acabem, para que não se transforme apenas em mais uma mera estatística jurídica não resolvida.

Por fim, o empoderamento feminino é ferramenta capaz e útil de trazer às vítimas o poder do conhecimento e a coragem para agirem quando sentirem-se ameaçadas.

Empoderem-se sempre de todos os recursos e de todo conhecimento possível.

6. REFERÊNCIAS BIBLIOGRÁFICAS

AURÉLIO, dicionário. **Significado de empoderamento**. Disponível em: https://www.dicio.com.br/empoderamento/. Acesso em: 10 de junho de 2019.

BRASIL, Wikipédia. **Lei Maria da Penha**. Disponível em: https://pt.wikipedia.org/wiki/Lei_Maria_da_Penha. Acesso em 17 de junho de 2019.

BRASIL, Movimento empresarial pelo desenvolvimento econômico da mulher. **Os 7 princípios do empoderamento das mulheres.** Disponível em: http://movimentomulher360.com.br/institucional/7-principios-de%20empoderamento/. Acesso em 23 de maio de 2019.

BRASIL, **Código Penal**: promulgado em 7 de dezembro de 1940. Disponível em: http://www.planalto.gov.br/ccivil_03/decreto-lei/del2848compilado.htm. Acesso em: 26 de agosto de 2019.

KLEPACKI, Laura. **Avon: a história da primeira empresa do mundo voltada para a mulher.** Ed. Best Seller Ltda. Rio de Janeiro, RJ.2006.

SILVA, Beatriz Rustiguel. vídeo: **4 atitudes para promover o empoderamento feminino e fortalecer a mente feminina.** Disponível em: https://mentalidadedecrescimento.com.br/empoderamento-feminino/. Acesso em 23 de maio de 2019.

EVOLUÇÃO JURÍDICA DA MULHER NA SOCIEDADE

Francielle Bueno Araújo
Advogada na 31ª Subseção – Marília/SP, inscrita na OAB/SP sob nº 364.998, integrante da Comissão da Mulher Advogada e da Comissão dos direitos dos apenados e situação carcerária, graduada em direito pela Universidade Estadual do Norte do Paraná (UENP) em 2015.

Sumário: 1. Introdução – 2. Evolução histórica – 2.1 O papel da mulher na sociedade – 3. A evolução jurídica da mulher no direito brasileiro: a mulher e o ordenamento jurídico – 3.1 A Lei Maria da Penha – 3.2 O feminicídio – 4. Considerações finais – 5. Referências bibliográficas.

1. INTRODUÇÃO

Historicamente, o anonimato e a invisibilidade eram inerentes às mulheres e, aos homens, a voz, o protagonismo e os espaços de poder. A sociedade foi construída com base em um sistema de valores culturais que determinava o que significava ser mulher, além de diferenciá-la do homem, traçando hierarquia deste sobre aquela, de modo que o gênero feminino foi construído socialmente a partir de atributos que contribuem para a submissão feminina, tais como a passividade, a maternidade compulsória, a hiperssexualização da mulher, a objetificação do corpo feminino, o controle reprodutivo e comportamental da mulher.

A determinação dos padrões socioculturais femininos foi transmitida de geração em geração, sendo preponderante os usos e costumes, bem como tradições, ritos e religiões, logo, não havia sequer como questionar o modelo imposto socialmente, uma vez que se tratava de uma construção razoável para manter a estrutura patriarcal em que a mulher possuía uma única opção, denominada de destino social, como ser esposa, dona de casa responsável pelos trabalhos domésticos e mãe.

Portanto, mesmo a mulher que refletisse e sentisse incômodo pelo padrão estabelecido socialmente era silenciada diante da predominância determinante do modelo preestabelecido, havendo a permanência e manutenção do patriarcado, que estabelecia um ciclo social, o qual era considerado natural, de maneira que tudo que infringisse a regra predeterminada denominava-se de anormal e era rechaçado pela sociedade.

No entanto, vislumbram-se evoluções históricas, mesmo que lentas e graduais, por meio de movimentos e lutas das mulheres por transformação, pelo fim da opressão e subordinação e, sobretudo, por valorização, direitos, liberdade e igualdade.

2. EVOLUÇÃO HISTÓRICA

Em toda a história da humanidade, das civilizações e em qualquer sociedade, houve como regra o domínio masculino que se demonstrou durante anos, o poder determinante da construção social.

A mulher, em diversas sociedades, era considerada objeto de direito e não sujeito de direito. A primeira conquista social, certamente, foi desconstruir esse paradigma, a fim de considerá-la um ser humano com vontades, direitos e poder de decisão.

A diferença entre o homem e a mulher está na anatomia do corpo humano e não deveria ser um argumento capaz de defender a ideia de dominação e submissão, no entanto, o gênero sempre classificou os homens como seres superiores e as mulheres como inferiores.

Nota-se que a diferenciação é apenas biológica e desse modo, o homem sempre subjugou a mulher como mais frágil, extrapolando a questão meramente física, pois a discriminava também intelectualmente questionando sua capacidade racional.

A função do patriarcado era controlar a sexualidade e reprodutividade feminina para determinar comportamentos das mulheres e dominá-las. Assim, o papel da mulher, consequentemente, foi escolhido pelo homem, retirando dela o poder de fala e de escolha, de maneira que limitava sua liberdade, bem como sua decisão para agir conforme quisesse no meio social, tornando-a apenas coadjuvante do homem.

Verifica-se, então, ausência de direitos femininos, uma vez que até mesmo as leis que faziam referência aos direitos das mulheres eram, todavia, produzidas por homens.

A liberdade é um direito intrínseco do ser humano, desse modo, convém observar que a mulher não estava satisfeita em não a ter, seja a liberdade de expressão, de controle sobre a própria vida, sobre o seu comportamento e acima de tudo, liberdade de ir, vir e ficar, isto é, de forma abrangente: toda e qualquer liberdade para ser, falar e fazer.

A luta pela liberdade trouxe ressignificação do que é ser mulher, além de trazer evoluções e conquistas sociais efetivamente em relação aos direitos elementares e fundamentais da pessoa humana.

2.1 O PAPEL DA MULHER NA SOCIEDADE

A mulher, devido a um processo histórico, era considerada como propriedade do homem, devendo a ele obediência, subordinação e submissão. Havia, portanto, uma restrição das funções das mulheres. Nota-se que os fatores culturais e morais impediam que a mulher ultrapassasse os limites de seu papel determinados socialmente, tornando-as reclusas do lar.

Por todo o exposto, ressalta-se, ainda, que as mulheres não eram nem contadas nos censos demográficos, demonstrando que não eram tratadas como sujeito de direito, tampouco como pessoa humana.

Além disso, não tinham direito de frequentar espaços públicos, que outrora eram exclusividade masculina, sendo possível tão somente ser acompanhante de um homem, notadamente do seu cônjuge.

A transformação relacionada à trajetória da mulher na sociedade é considerada como uma quebra de paradigmas que trouxe mudança cultural ao possibilitar autonomia, liberdade e independência ao sexo feminino. A mudança, todavia, é muito lenta, pois são questionados padrões de séculos de civilização, tradições, costumes, tabus, preconceitos, religiões, dogmas, mitos, lendas, culturas, regras, leis, etc.

A organização social determinava a divisão das funções pelo sexo, tendo sido proposta desde os primórdios, sendo o homem responsável pelo sustento e proteção da esposa e filhos, por isso era denominado de "chefe de família", cabendo à mulher o dever de cuidado, ou seja, limpeza, preparação do alimento e criação dos filhos.

A mulher não possuía poder de escolha, pois seu papel na sociedade já estava definido, o que demonstra o estigma feminino com restrição à vida privada, gerando o distanciamento do mercado de trabalho.

A exclusão era social e política, visto que a mulher era responsável tão somente por organizar o lar, sendo uma função apenas interna, entretanto, os espaços públicos eram restritos aos homens.

Por muito tempo, a mulher viveu na inércia sem que houvesse qualquer movimento com a finalidade de mudar o *status quo*. Nesse sentido, a mulher não possuía direitos, tampouco representatividade, e era subordinada juridicamente ao marido ou, na ausência dele, ao pai ou irmão.

No entanto, com o passar dos anos, a mulher resistiu ao padrão social estabelecido e lutou por transformação a fim de atingir autonomia e independência, sobretudo, financeira.

Atualmente, o papel da mulher está relacionado aos bancos escolares e universitários, bem como ao mercado de trabalho, seja qual for o ramo e a área de atuação.

Portanto, a mulher deve ter voz e ocupar todos os espaços de poder, assim como o empreendedorismo e a política, se assim ela escolher, pois provou que não há motivação para discriminação, pois a capacidade e a intelectualidade não são questões de gênero.

Entretanto, deve-se analisar a realidade de maneira mais realista e menos romantizada, visto que a sociedade atual, apesar de ter evoluído, ainda reproduz o machismo estrutural e cultural.

Nota-se que a luta por direitos e ocupação de espaços de maneira igualitária não devem retroceder, mas continuar e avançar. O caminho é árduo, mas as mulheres têm demonstrado que não tem medo de enfrentá-lo.

3. A EVOLUÇÃO JURÍDICA DA MULHER NO DIREITO BRASILEIRO: A MULHER E O ORDENAMENTO JURÍDICO

O Direito Romano, berço da nossa cultura jurídica, desprovia a mulher de capacidade jurídica. O Brasil

Colônia não era muito diferente, visto que o país era regulado por leis portuguesas como as Ordenações Filipinas baseadas nos usos, costumes e tradições do período. Na época, as legislações eram deveras retrógradas por forte influência da religiosidade e do conservadorismo herdado da Idade Média.

No período do Império, a própria Constituição mantinha ideais conservadores e fazia pouco ou quase nenhuma alusão aos direitos femininos.

No período republicano, manteve-se o domínio patriarcal, entretanto começaram a ocorrer algumas mudanças de paradigmas como a estipulação do casamento civil e a proibição de castigos corporais realizados pelos maridos às mulheres desobedientes.

Portanto, eram evoluções lentas e tímidas, como se pode observar do Código Civil de 1916, tendo em vista que refletia a sociedade do fim do século XIX e começo do século XX, de modo que o direito de família era patriarcal, inclusive havia o absoluto poder marital e o pátrio poder.

Ressalta-se que a mulher não tinha protagonismo, mas ficava em segundo plano. Para demonstrar isso, o código civil previa no seu artigo 4º a incapacidade relativa da mulher para realizar atos jurídicos, sendo necessária a assistência.

Ora, é assustador verificar que ainda no século passado a mulher casada era relativamente incapaz, conforme disposto no artigo 6º, II do diploma legal. Havia o capítulo II denominado *"Dos direitos e deveres do marido"*, que previa no artigo 233 que ele tinha o papel de chefe da sociedade conjugal, competindo-lhe a representação legal da família, além da administração dos bens comuns e dos particulares da mulher.

No capítulo III, tratava-se dos *"Direitos e Deveres da Mulher"* e o artigo 242 previa que mulher não poderia, sem autorização do marido, praticar alguns atos, tais como litigar em juízo civil ou comercial, exercer profissão, e ainda lhe era proibido aceitar mandato.

Além disso, caso não houvesse a autorização do marido para as atividades previstas em lei e essa falta não fosse suprida pelo juiz, o ato seria inválido.

Logo, observa-se que a mulher casada possuía menos direitos que a mulher solteira, uma vez que esta era absolutamente capaz, mas com o matrimônio tornava-se relativamente incapaz.

Gradualmente, houve a evolução da mulher no ordenamento jurídico. Nota-se que ela não possuía direitos políticos, ou seja, precisou lutar pelo sufrágio universal, tendo em vista que desde a primeira constituição brasileira, em 1824, a mulher era impedida de votar, sendo excluída da vida política, o que demonstra que não tinha direito de escolha nem de decisão.

Após a proclamação da república, houve uma expectativa relacionada aos direitos políticos femininos, no entanto, por toda a república velha as mulheres mantiveram-se excluídas.

Após movimentos das mulheres, foi aprovado o Código Eleitoral de 1932, sendo que a conquista se refletiu na eleição da primeira mulher para um cargo eletivo, Carlota Pereira de Queiroz, que ocupou uma cadeira na Câmara dos deputados.

E, em 1934, a Constituição previu o voto feminino, porém a obrigatoriedade era restrita apenas às mulheres que exerciam cargos públicos, assim, somente em 1946 houve a consagração do voto obrigatório de maneira plena a todas as mulheres.

A conquista de direitos políticos tem uma força extraordinária, porquanto eleger e ser eleita são direitos que dizem respeito à cidadania, liberdade de escolha e decisão da mulher.

Em 1937, com o golpe de estado, os direitos femininos sofreram retrocessos, mas, em 1946, a constituição retomou as conquistas anteriormente alcançadas pelas mulheres.

Não obstante as conquistas das sufragistas, o estatuto da mulher casada de 1962 estabeleceu um marco jurídico no ordenamento referente às mulheres, principalmente ao trabalho feminino.

O Estatuto da Mulher Casada foi aprovado e previa a igualdade jurídica entre os cônjuges, trazendo a plena capacidade jurídica para as mulheres e além disso, houve a exclusão legal da autorização do marido em relação aos trabalhos externos exercidos por mulheres, apesar de ainda haver a possibilidade da proibição.

Ressalta-se que houve desproporcional morosidade para que o Estatuto fosse sancionado, tendo em vista um parlamento composto em sua maioria por homens.

A Lei do divórcio revolucionou o ordenamento jurídico brasileiro, posto que anteriormente era permitida a dissolução da sociedade conjugal por meio do desquite, mas o vínculo permanecia intacto, restringindo a possibilidade de contrair um novo casamento civil.

Com a sanção da Lei do Divórcio, as disposições do Código Civil de 1916 foram revogadas e a dissolução da sociedade e do vínculo conjugal passou a ser previsto em lei.

Havia, entretanto, o preconceito e o estigma do divórcio e da mulher divorciada, mas o surgimento de uma lei que dispusesse sobre a dissolubilidade matrimonial era uma evolução dos direitos, sobretudo das mulheres.

A Constituição de 1988 é um divisor de águas a respeito da igualdade entre homens e mulheres, uma vez que apresenta um texto inovador, revolucionário e progressista, consagrando no caput do artigo 5º, a tão sonhada igualdade.

Nota-se que há a presença da igualdade material e não meramente formal, que preconiza igualdade de direitos, bem como equidade.

Ademais, a afirmação da igualdade de gênero é reafirmada no inciso primeiro, prevendo que homens e mulheres são iguais em direitos e obrigações, portanto, diante da evolução estabelecida pela Constituição Federal tem-se que houve uma conquista feminina de extrema importância.

Com relação ao direito das mulheres mães, ampliou-se para 120 dias a licença maternidade, sendo proibida a perda do emprego e redução de salário das empregadas domésticas, avulsas e rurais.

As principais mudanças foram em relação ao direito de família e sucessões. Um exemplo é o que ocorre com a sociedade conjugal, que será exercida, em colaboração, pelo marido e pela mulher, sempre no interesse do casal e dos filhos.

Notadamente, além da Constituição Federal, há uma mudança significativa no Código Civil de 2002, que trouxe uma transformação positiva, inovadora e de cunho igualitário.

3.1 A LEI MARIA DA PENHA

A Lei Maria da Penha revolucionou o direito das mulheres, pois é uma lei específica para o sexo feminino. Nota-se que a Constituição dispõe no artigo 226, §8°, que o Estado assegurará assistência à família criando mecanismos para coibir a violência no âmbito de suas relações.

Dessa maneira, a Carta Magna prevê um fundamento constitucional a fim de erradicar a violência doméstica e familiar.

Ressalta-se que a principal finalidade é a promoção da igualdade entre os sexos e o combate à discriminação contra a mulher por meio de ações afirmativas, isto é, um conjunto de ações, programas e políticas públicas especiais e temporárias que busquem reduzir ou minimizar a discriminação e a desigualdade.

Ademais, o Brasil ratificou convenções internacionais, tal como a Convenção sobre a eliminação de todas as formas de discriminação contra a mulher, a qual foi recepcionada pelo decreto n° 4.377/2002, propondo a adoção de ações afirmativas para diminuir os efeitos da discriminação em razão do sexo.

Também foi adotada a Convenção Interamericana para prevenir, punir e erradicar a violência contra a mulher e, recepcionada pelo decreto nº 1973/1996. Entretanto, a Lei referente à violência doméstica contra a mulher só passou a vigorar em 2006.

A Lei 11.340/06 é denominada de Maria da Penha em homenagem à nordestina que fora constantemente agredida por seu marido, que por duas vezes tentou lhe tirar a vida, o que resultou na paraplegia.

Ressalta-se que o agressor foi denunciado em 1984, mas somente foi preso em 2002.

Devido à inércia judicial, o caso de Maria da Penha foi levado à OEA (Organização dos Estados Americanos), que elaborou um relatório nº 54/2001 da Comissão Interamericana de Direitos Humanos:

> "A ineficácia judicial, a impunidade e a impossibilidade de a vítima obter uma reparação mostra a falta de comprometimento do compromisso assumido pelo Brasil de reagir adequadamente ante a violência doméstica."

Em decorrência disso, houve a sanção da Lei 11.340/06, denominada de Lei Maria da Penha com caráter multidisciplinar e a finalidade de criar mecanismos para coibir e prevenir a violência doméstica e familiar contra a mulher.

A lei deve ser interpretada de modo a conferir proteção para a mulher que esteja em situação de vulnerabilidade. Ademais, a lei é bem explicativa, pois estabelece as formas de violência no artigo 7º (Violência física, sexual, psicológica, patrimonial e moral), de maneira que analisa cada tipo de violência, determinando as hipóteses de violências, dispostas no artigo 5º, tendo em vista que as agressões podem ocorrer no âmbito da unidade doméstica, no âmbito da família e em qualquer relação íntima de afeto, independentemente de coabitação.

Nota-se que não há a aplicabilidade do juizado especial criminal (Lei 9.099/1995), bem como são inaplicáveis a suspensão condicional do processo e a transação penal, institutos mais benéficos ao réu, conforme se verifica na Súmula 536 do Superior Tribunal de Justiça

(STJ): *"A suspensão condicional do processo e a transação penal não se aplicam na hipótese de delitos sujeitos ao rito da Lei Maria da Penha."*, são vedadas ainda penas de cesta básica e outras de prestação pecuniária. Ademais, o Supremo Tribunal Federal tem entendimento referente a não admissão da substituição da pena privativa de liberdade por restritiva de direitos nem mesmo em caso de contravenção penal envolvendo violência doméstica, pois há de qualquer forma uma grave violação dos direitos humanos, independentemente da intensidade da violência.

O Superior Tribunal de Justiça também compartilha desse entendimento, inclusive já sumulado: Súmula 588 deste tribunal:

> "A prática de crime ou contravenção penal contra a mulher com violência ou grave ameaça no ambiente doméstico impossibilita a substituição da pena privativa de liberdade por restritiva de direitos."

A lei também determina medidas protetivas de urgência obrigando o agressor a determinadas medidas, como afastamento do lar, proibição de frequentar determinados lugares, ou de praticar certas condutas, restrição ou suspensão de visitas aos filhos menores, separação de corpos, obrigação de prestação de alimentos provisórios, limitação de distância do agressor com a ofendida, suspensão da posse ou restrição do porte de armas a fim de preservar a integridade física e psicológica da vítima.

O descumprimento de medidas protetivas enseja o crime de desobediência (crime contra a Administração da Justiça) e pode levar o agressor à prisão preventiva de acordo com o caso concreto.

3.2 O FEMINICÍDIO

O feminicídio é o nome dado ao homicídio praticado por questão de gênero, ou seja, não é simplesmente o homicídio de uma mulher, como um latrocínio (roubo seguido de morte), por exemplo, mas a ocorrência de um crime que envolve o assassinato de uma mulher com menosprezo pela condição feminina, discriminação pelo fato de ser mulher ou por envolver violência doméstica e familiar ou violência sexual.

Ressalta-se que a criação de uma qualificadora para um crime contra a vida é decorrente de uma luta das mulheres.

A Lei 13.104/15 alterou o Código Penal incluindo o feminicídio como qualificadora do crime de homicídio. Em razão dos altíssimos índices de crimes cometidos contra a mulher, de estatísticas referentes a mortes de mulheres serem alarmantes, bem como o Brasil assumir o quinto lugar no ranking mundial de violência contra a mulher, tornou-se necessário e urgente a rigidez penal em relação ao feminicídio, que é o grau mais elevado e destrutivo da violência contra a mulher.

A sociedade, apesar de toda a evolução que alcançou, ainda é patriarcal, machista e misógina, e em decorrência disso a violência contra a mulher é recorrente, como se pode observar nos jornais de grande circulação, nos noticiários, na mídia, nas redes sociais, nas delegacias de polícia, nas varas de violência doméstica e familiar, e nos tribunais do júri.

Para reprimir e punir os agressores de maneira mais gravosa surgiu a lei do feminicídio, tendo em vista que não havia nada específico diante dos casos chocantes do dia a dia de violências que resultavam em mortes de mulheres pela razão do sexo feminino.

Nota-se que todos os dias mulheres são mortas por serem mulheres. Conforme já descrito, os números são chocantes, logo, segundo o instituto de pesquisa econômica aplicada (IPEA), ocorre um (1) feminicídio a cada 1 hora e meia no Brasil. Ademais, o mapa da violência de 2015 apontou a ocorrência de uma média de 13 feminicídios por dia no Brasil e que a maioria deles são praticados por homens que vivem ou viveram com a vítima, demonstrando que decorrem de violência doméstica na maioria dos casos.

A lei em questão busca a punição com maior rigor, por isso apresenta penas mais altas e o crime de homicídio qualificado pelo feminicídio está no rol dos crimes hediondos.

Por outro lado, o surgimento de uma lei mais rigorosa não tem o condão de mudar a realidade de uma sociedade, principalmente porque é apenas uma repressão e não previne a prática de crimes, tendo um valor meramente simbólico.

Então, são necessárias políticas públicas que promovam a igualdade de gênero por meio da educação, conscientização e fiscalização das leis, pois é de extrema importância refletir sobre os números altíssimos de feminicídios no Brasil e questionar acerca da origem da violência.

Culturalmente, a sociedade brasileira é muito retrógrada em relação à questão de gênero, como se pode observar pela evolução cronológica das legislações brasileiras referentes aos direitos das mulheres.

A igualdade de gênero ainda é algo distante da sociedade, apesar dos movimentos das mulheres terem atingido algumas conquistas, como aprovações de leis, entretanto, não há uma consolidação de uma sociedade igualitária.

A mulher, em todas as épocas, foi considerada inferior ao homem, pois era necessário provar que tinha capacidade intelectual para realizar determinadas funções consideradas atípicas para o sexo feminino.

Era como se houvesse uma "tese da inferioridade" que se perpetuava por gerações, então, romper com esses dogmas e essas culturas tradicionais que determinavam o destino da mulher sempre foi um desafio a ser enfrentado.

O machismo, que prevaleceu por muitos séculos como algo natural, hoje é questionado, mas ainda não foi extinto.

O ideal de liberdade inerente à pessoa humana foi imprescindível para a luta das mulheres, pelas palavras de Simone de Beauvoir:

> "Que nada nos defina, que nada nos sujeite. Que a liberdade seja a nossa própria substância, já que viver é ser livre".

A luta por igualdade é diária, pois até mesmo quando há avanços e conquistas corre-se o risco de retroceder. Portanto, as mulheres devem ser vigilantes, uma vez que, conforme escreveu Simone de Beauvoir:

> "Basta uma crise política, econômica e religiosa para que os direitos das mulheres sejam questionados"

Demonstrando que mesmo após evoluções e conquistas o retrocesso em direitos é uma possibilidade evidente.

4. CONSIDERAÇÕES FINAIS

Pode-se afirmar que as mulheres sobreviveram e resistiram, apesar de tudo, às civilizações da antiguidade até hoje, passando inclusive pela idade média, denominada idade das trevas.

A maior conquista feminina foi a resistência da mulher frente a todas as adversidades, pois em qualquer época e em qualquer lugar do mundo a mulher teve que se impor para transformar a realidade em que vivia.

Mesmo que o papel da mulher tenha sido definido pelos homens, pode-se afirmar que a mulher teve a iniciativa de lutar pelo direito de ser livre plenamente para fazer escolhas, deixando de ser sombra de um homem e de ter uma função secundária no plano político, social e econômico.

A evolução jurídica brasileira é uma luta feminina das mulheres que vivem no Brasil, principalmente com a conquista dos direitos políticos, com a consolidação das leis trabalhistas (CLT), que possui um título referente às mulheres que trabalham, com o estatuto da mulher casada, Lei do Divórcio, Constituição Federal de 1988, Código civil de 2002, Lei Maria da Penha, Lei do Feminicídio, decisões dos tribunais superiores relacionadas à maternidade, como direito das gestantes, lactantes e parturientes.

A mulher reconheceu seu valor, portanto sua luta diária por direitos demonstra que apesar da evolução histórica, social, cultural e jurídica, há muitos desafios pela frente, pois a igualdade estabelecida pela Constituição e pelas legislações infraconstitucionais não foi capaz de extirpar o machismo, a discriminação e o preconceito, tampouco de fazê-la ocupar espaços de poder na mesma proporção que os homens.

5. REFERÊNCIAS BIBLIOGRÁFICAS

BEAUVOIR, Simone de. **O segundo sexo: fatos e mitos**. 4. ed. 2011.São Paulo: Difusão Europeia do Livro, 1970. v. 1.

BRASIL. **Código Civil.** Lei n. 10.406, de 10 de janeiro de 2002.

BRASIL. **Estatuto da mulher casada.** Lei n. 4.121 - De 27 de agosto de 1962.

BRASIL. **Lei do divórcio.** Lei nº 6.515, de 26 de dezembro de 1977.

BRASIL. **Constituição da República Federativa do Brasil.** Promulgada em 05 de outubro de 1988.

BRASIL. Lei nº 11.340/2006. **Lei Maria da Penha.** Promulgada em 07 de agosto de 2006.

BRASIL. **Consolidação das Leis Trabalhistas.** Vade Mecum Saraiva. Ed. Saraiva, 2010.

BRASIL. **Convenção sobre a eliminação de todas as formas de discriminação contra a mulher.** 1979. Adotada pela Resolução 34/180 da Assembleia Geral das Nações Unidas, em 18.12.1979 - ratificada pelo Brasil em 01 de fev. de 1984.

COELHO, Renata. **A evolução jurídica da cidadania da mulher brasileira** – breves notas para marcar o dia 24 de fevereiro, quando publicado o Código Eleitoral de 1932 e os 90 anos do voto precursor de Celina Viana. Disponível em:http://www.mpf.mp.br/pgr/documentos/Evoluojurdicad acidadaniadamulherbrasileira_RenataCoelho.pdf. Acesso em: 30/07/2019.

CONSOLIM, Veronica H. **Um pouco da história de conquistas dos direitos das mulheres e do feminismo.** Data: 13/09/2017. Disponível em: http://www.justificando.com/2017/09/13/um-pouco-dahistoria-de-conquistas-dos-direitos-das-mulheres-e-do-feminismo/. Acesso em 15/06/2019.

DIAS, Maria Berenice. **Aspectos jurídicos do gênero feminino**. In. Construções e perspectivas em gênero. São Leopoldo: Unisinos, 2001.

DIAS, Maria Berenice. **Manual de direito das famílias**.10.ed. São Paulo: Editora Revista dos Tribunais, 2009.

DIAS, Maria Berenice. **A Lei Maria da Penha na justiça**: a efetividade da Lei 11.340/2006 de combate a violência doméstica e familiar contra a mulher. 3 ed. São Paulo. Editora Revista dos Tribunais, 2012.

DIAS, Maria Berenice. **A mulher e o direito**, janeiro de 2014. Disponível em: <http://www.mariaberenice.com.br/uploads/23_-_a_mulher_e_o_direito.pdf > Acesso em: 13 Jan. 2014.

DINIZ, Maria Helena. **Curso de direito civil brasileiro: teoria geral do direito civil.** Saraiva, 2009.

FAHS, Ana C. Salvatti. **Movimento feminista.** Data: 18/09/2016. Disponível em: https://www.politize.com.br/movimento-feminista-historia-no-brasil/. Acesso em 17/06/2019.

FERREIRA, Aurélio Buarque de Hollanda. **Novo dicionário da língua portuguesa.** Rio de Janeiro: Nova Fronteira, 1986.

GONÇALVES, Carlos Roberto. **Direito civil.** Editora Saraiva, 2010.

JÚNIOR, Flávio Martins Alves Nunes. **Curso de direito constitucional**. – 3. Ed.- São Paulo: Saraiva Educação, 2019.

MARIANI, Daniel; DUCROQUET, Simon; PRADO, Guilherme. **Voto feminino: um direito que conquistou o mundo em 122 anos.** 28/01/2016. Disponível em: https://www.nexojornal.com.br/video/video/Voto-feminino-um-direito-que-conquistou-o-mundo-em-122-anos. Acesso em: 30/07/2019.

MAZZUOLI, Valerio de Oliveira. **Curso de direitos humanos**. 4. Ed. Ver.atual. e ampl.- Rio de Janeiro: Forense; São Paulo: Método, ano: 2017.

PIOVESAN, Flavia. **Direitos civis políticos**: a conquista da cidadania feminina. In: O progresso das mulheres no Brasil. Brasília, 2006.

SANTOS, Magda G. **O feminismo e suas ondas.** Data: 05/09/2017.Disponível em: https://revistacult.uol.com.br/home/entenda-o-feminismo-e-suas-ondas/. Acesso em: 12/08/2019.

DISCRIMINAÇÃO DA MULHER NO AMBIENTE DE TRABALHO

O preconceito no trabalho intimida a ascensão de mulheres a disputar cargos de relevância e a serem precursoras em suas carreiras profissionais.

Isabela Nunes Yoshino
Advogada, formada em Direito (2013) pela Universidade Anhanguera de Bauru/SP.

Sumário: 1. Resumo – 2. Introdução – 3. Preconceito na evolução das condições de trabalho – 4. Situações discriminatórias cotidianas – 5. Pioneirismo na advocacia – 6. Preconceito e discriminação da mulher advogada – 7. Considerações finais – 8. Referências bibliográficas.

1. INTRODUÇÃO

A discussão em tela proporciona uma análise crítica à sociedade em relação ao mercado de trabalho e a disputa de mulheres na ocupação de cargos e profissões, sendo suprimidas as oportunidades em virtude do preconceito, diferença e discriminação de gênero.

Este artigo trata do histórico de preconceitos contra a mulher trabalhadora, da discriminação no mercado de trabalho e da luta contínua e desbravadora na busca do sucesso profissional.

Observa-se que o preconceito contra mulheres vai muito além de desigualdade de gênero, se impregnando nas relações trabalhistas. Para as mulheres existe a necessidade a todo momento de provar seu valor, seu conhecimento e até mesmo que suas ideias devem ser reconhecidas no ambiente laboral.

A insistência em uma colocação no mercado de trabalho é a luta diária de muitas mulheres que não pretendem comprovar seu valor, levantar bandeiras ou militar ideais, mas sim objetivar a mesma igualdade conferida aos homens, o sucesso profissional.

Essa perseguição por um lugar no mercado de trabalho condizente com a qualificação profissional da mulher não pode ser reconhecida como luta contra homens ou busca de privilégios. A luta é por equidade e, principalmente, respeito.

Há muitos anos mulheres desbravadoras vêm quebrando paradigmas e mudando a imagem da mulher diante da sociedade e no mercado de trabalho. Se antes a mulher era proibida de exercer alguma profissão, hoje muitas dessas profissões são exercidas majoritariamente por mulheres, e se antes o trabalho era pesado ou perigoso demais para uma mulher, hoje pode ser questão ultrapassada.

Contudo, o preconceito e a necessidade de opinar e julgar prejudicam muito o caminho árduo das mulheres no mercado de trabalho, criando barreiras que dificultam o único objetivo pretendido, o sucesso profissional.

Assim a justificativa para a minoria de mulheres exercendo atividades de destaque é o resultado de tentativas e negativas, superiores hierárquicos homens, desqualificação do trabalho da mulher, comparação do trabalho com um homem, preconceito.

Apesar da garantia constitucional de igualdade entre homens e mulheres prevista no artigo 5º, inciso I da Constituição Federal e ainda a isonomia prevista em diversos dispositivos da CLT, as mulheres possuem inúmeras dificuldades em se solidificarem no mercado de trabalho com relação aos homens, seja pela desigualdade salarial, escolaridade excessiva exigida ou ainda um nível de profissionalismo desacreditado.

O conceito amplo de trabalho é toda e qualquer atividade realizada com esforço humano, que visa atingir um objetivo ou uma meta, indistintamente acessível a quem se sente capaz de exercê-lo.

O que se depreende é que apesar da inexistência de gênero na frase acima descrita, essa capacidade é sempre questionada quando se trata do trabalho de mulheres.

Em todas as pesquisas realizadas para nortear esse artigo, foram encontradas mulheres pioneiras, atuando a frente do seu tempo e a frente dos costumes da sua época, que desbravou a sua profissão, diminuindo a nossa luta contra o preconceito e discriminação na atualidade.

Sendo assim, o que se busca com o presente tema é demonstrar que, sendo este o conceito mais abrangente da palavra trabalho, o lugar da mulher no mundo profissional será onde ela se sentir capaz de trabalhar, independentemente do ofício, da hostilidade, do esforço ou do grau de dificuldade.

Ainda que haja uma desvantagem em potencial, diante das barreiras impostas pela sociedade machista e preconceituosa, a inspiração de muitas mulheres tem que ser combustível para a busca do seu sucesso profissional, seja nas mais diversas carreiras escolhidas.

2. PRECONCEITO NA EVOLUÇÃO DAS CONDIÇÕES DE TRABALHO.

Quando se decide falar sobre normas e leis acerca dos direitos das mulheres nas relações de trabalho, sempre há um julgamento sobre supostos privilégios nos direitos femininos, principalmente com relação aos direitos do homem trabalhador.

A luta da mulher por um espaço digno no mercado de mercado de trabalho não se deu única e exclusivamente por mera vaidade, mas sim com a necessidade em contribuir com as despesas do lar e sustento dos filhos.

Contudo, as condições de trabalho desde a Revolução Industrial, nos séculos XVIII e XIX eram desumanas. Com o passar dos anos, o trabalho feminino teve um grande crescimento nas indústrias, todavia as relações de trabalho não eram dignas.

Jornadas de Trabalho exaustivas de mais de dezessete horas diárias, com castigos destinados a qualquer erro cometido, salários muito inferiores aos conferidos aos homens trabalhadores e inferioridade na qualificação profissional exigida, ocasionaram um enorme desequilíbrio com relação aos profissionais homens.

Sem contar que a discriminação que permeia, inclusive, são as mesmas dos dias atuais que geram desconfianças e descrédito do trabalho feminino, como a concepção de filhos, contrair matrimonio, ou qualquer outra mudança na vida pessoal da mulher em comparação com o homem.

Com isso algumas medidas passaram a ser notoriamente discutidas para proporcionar melhores condições de trabalho às mulheres, mas todas não vingaram a ponto de trazer benefícios de igualdade a todos os trabalhadores da época.

No Tratado de Versalhes (1919) ficou consolidado que *ao trabalho de igual valor deve corresponder igual salário, sem distinção de sexo*. Assim, mesmo após muitas décadas a mulher foi participando do mercado de trabalho como protagonista, conquistando direitos de acordo com as necessidades, mas permaneceu sendo explorada em muitos aspectos.

Muitas profissões tiveram de ser desbravadas, pois ao longo do tempo eram proibidas de serem exercidas por mulheres. A marginalização dos estudos femininos dificultou a luta para condições de igualdades entre mulheres e homens.

Além disso, as mulheres no mercado de trabalho eram e ainda são consideradas privilegiadas e os direitos conquistados atualmente são reconhecidos como exagerados, dificultando o crescimento profissional da mulher no mercado de trabalho.

Destaca-se a Lei nº 4.857/2009 que dispõe sobre a criação de mecanismos que visam afastar a discriminação contra a mulher, inclusive, no ambiente de trabalho, passando a considerar crime a discriminação de gênero. O projeto está aguardando aprovação do Congresso Nacional, contudo, até o momento, não obteve destaque para aprovação.

Assim acontece com frequência outras demandas que são transformadas em projetos de lei, mas que não possuem força e respaldo para, ao menos, avaliação dos congressistas.

A ausência de relevância dos projetos para votação no Congresso Nacional, ou ainda a indiferença quanto a urgência na promulgação da Lei é o espelho da sociedade retrógrada e machista.

Importante destacar que tais fatos são bastante semelhantes aos ocorridos no século passado com as trabalhadoras da época, conforme disposto. Relevante lembrança que comprova o histórico de preconceitos e discriminação vivenciado pela mulher trabalhadora ao longo dos anos, até atualidade.

3. SITUAÇÕES DISCRIMINATÓRIAS COTIDIANAS

Apesar da proibição constitucional na escolha de gênero para ocupação de vaga de trabalho, na prática existem seleções que levam em consideração critérios, como a faixa etária da mulher.

Utilizando o subterfúgio de que outro candidato era mais qualificado para a vaga disponível, esse critério de avaliação para mulheres visa eliminar dos processos seletivos, candidatas que contraíram casamento ou que tenham concebido filhos.

O questionamento acerca da vida pessoal da mulher é utilizado como critério para processos seletivos, uma vez que o casamento ou mesmo a concepção de filhos, preconceituosamente desqualifica o "valor profissional da candidata", mesmo que essa tenha conhecimento e capacidade técnica superior à de outro candidato.

As barreiras para o crescimento profissional da mulher não se limitam a concorrência de uma vaga de emprego, mas também tem impacto no crescimento da carreira profissional, visto que a mulher casada e com filhos é apontada como descompromissada e desatenta ao trabalho.

Tais situações nunca foram exigidas do sexo masculino, e quando questionado acerca da vida pessoal, o homem casado e com filhos exala maior credibilidade e um certo comprometimento e responsabilidade, como se provedor do lar fosse exclusivamente sinal de respeito e seriedade no mercado de trabalho.

A constituição de família para o homem trabalhador pode certamente ocasionar promoções no trabalho, gratificações e até mesmo bônus.

Destaca-se que a concepção de filhos desqualifica não só a profissional que está disputando uma vaga no mercado de trabalho, mas também aquelas que já estão empregadas e que são dispensadas meses após o término da estabilidade provisória, conferida por Lei, a mulher gestante.

Um estudo feito pela FGV – Fundação Getúlio Vargas aponta que mulheres perdem o emprego após a concepção dos filhos, sendo que na maioria das vezes isso ocorre pela iniciativa do empregador. Os números são alarmantes, 48% das mulheres deixam o mercado trabalho após os 12 primeiros meses do nascimento de seus filhos.

Assim um círculo vicioso assombra o crescimento profissional de mulheres trabalhadores, visto que após a concepção dos filhos podem ser dispensadas pela falsa sensação de que serão displicentes e irresponsáveis com as atividades laborais em detrimento dos filhos e, uma vez fora do mercado de trabalho, terá enormes dificuldades e barreiras para conseguir novo trabalho, por conta da sua vida pessoal.

Contudo para reflexão, na cultura brasileira, da mulher é exigido que trabalhe com dedicação sem levar em consideração compromissos com o casamento e filhos, mas em contrapartida, é sempre julgada por trabalhar e abandonar o lar.

Portanto, além da culpa pela interrupção dos laços familiares para exercer uma atividade laboral, a mulher precisa a todo momento provar que é responsável e qualificada para manter sua vaga no mercado de trabalho.

Além disso, é evidente que a sociedade, e não se sabe bem ao certo quem criou esses padrões, determina que algumas profissões devem ser exercidas exclusivamente por homens.

Ao passo que a crise econômica assola o Brasil e o mundo, o preconceito contra o exercício de qualquer profissão proporciona um prejuízo ainda maior para mulheres trabalhadoras e o número de desempregadas é maior que o de homens na mesma situação.

4. PIONEIRISMO NA ADVOCACIA

A mulher é sempre subestimada em sua profissão. O fato é que por mais preparada que a profissional esteja, sempre vai ser alvo de desconfiança.

Em algumas profissões, principalmente em cargos de gestão ou presidência, as mulheres podem ser consideradas frágeis e delicadas, incapazes de confrontar seus subordinados, e por tais pré-conceitos é eliminada de processos seletivos.

Sobre a capacidade da mulher em exercer algumas funções, ao longo dos anos muitas profissões eram proibidas às mulheres. Profissões pesadas e perigosas seriam impensáveis, inclusive, atualmente há ainda certa desconfiança e preconceito.

No caso da advocacia, profissão exclusiva dos homens até o século XIX, a carreira jurídica da primeira advogada do Brasil, Dra. Myrtes Gomes de Campos teve início somente oito anos após a sua conclusão do curso de bacharel em Direito, sendo aceita em 1906 pelo Instituto da OAB, em decisão não unânime do conselho, já que para a época, tamanha modernidade não se justificava.

É evidente que para a sociedade da época uma mulher somente teria prioridades com o lar, com os filhos e com os afazeres domésticos, causando, no mínimo estranheza, o início de uma carreira profissional de uma mulher na advocacia.

Ademais, não era bem visto aos olhos da sociedade uma mulher engajada em assuntos de interesses dominantemente masculinos sem julgar sua reputação e decência.

Desbravadora a advogada Dra. Myrtes Gomes de Campos rompeu as primeiras barreiras contra a discriminação da mulher e o preconceito no ambiente de trabalho, mas a luta permanece até os dias atuais, sendo enfrentada a desigualdade de gênero todos os dias.

A injustiça no cenário atual é ainda mais presente quanto maior o nível de escolaridade. Mulheres com nível superior completo possuem maiores dificuldades em se projetarem nas carreiras com relação aos homens com mesmo grau de estudo, ganhando salários muito inferiores.

A emancipação social da mulher não se propaga com facilidade, sendo comum o pioneirismo na atualidade em cargos de gestão e presidência em diversos setores, inclusive na advocacia.

Somente nos últimos seis anos foi possível identificar a relevância, e ainda muito tímida, das mulheres nos cargos jurídicos. A Seccional do Estado de Alagoas elegeu para o último triênio como presidente uma mulher advogada, Dra. Fernanda Marinela.

Diversas subseções tiveram eleitas uma presidente mulher, igualmente, nos últimos seis anos, sendo consideradas as primeiras mulheres a ocuparem essa incumbência na história dessas subseções.

No Supremo Tribunal federal, na atual composição, há apenas duas mulheres, Ministra Rosa Weber e a Ministra Carmen Lucia, sendo que esta última foi a mulher a presidir, pela primeira vez, o Tribunal Superior Eleitoral - TSE, tomando posse em 06 de março de 2012.

Os números são tímidos diante da quantidade de mulheres que exercem cargos jurídicos no Brasil. As dificuldades são inúmeras e o descrédito que permeia o mundo jurídico inibindo a carreira de muitas profissionais, sendo somente a insistência e persistência o caminho para as conquistas.

O exercício de mulheres em cargos de relevância, principalmente no setor jurídico, é inspiração e exemplo para outras mulheres que vem trilhando uma carreira promissora e de grande sucesso.

O preconceito está entranhado nas profissões jurídicas até mesmo atualmente, mesmo que há dois séculos já tenha deixado de ser taxada como profissão masculina, se desprendendo desse rol machista.

5. PRECONCEITO E DISCRIMINAÇÃO DA MULHER ADVOGADA.

Muito embora os dados demonstrem que somente na atual conjuntura as mulheres conseguiram ocupar cargos de representatividade no setor jurídico, principalmente na advocacia, deve ser ressaltado que o número é muito inferior ao ideal, já que muitas mulheres vêm trilhando caminhos no setor jurídico.

Neste momento, segundo pesquisas, as mulheres são quase a metade dos advogados inscritos na Ordem dos Advogados do Brasil, representamos cerca de 48%, sendo pouco mais de 516 mil profissionais advogadas. Ainda, no Estado de Rondônia/BR e Pará/BR as mulheres advogadas já são maioria.

Comparando o número de mulheres atuantes no setor jurídico com o número dos cargos de relevância assumidos, não se pode concluir que há nítido desinteresse feminino, mas sim uma reflexão de que o preconceito é muito relevante para que a mulher possa trilhar um caminho de sucesso na profissão.

A qualificação profissional nem sempre é sinônimo de sucesso profissional para a mulher advogada. É importante ressaltar que a representatividade da mulher advogada em qualquer dos cargos de evidência de todo o judiciário ilustram a dificuldade enfrentada.

As mulheres advogadas empregadas recebem salários 25% (vinte e cinco por cento) menores que homens advogados e deixam de ser contratadas pelos escritórios de advocacia, pela possibilidade de gravidez. Ainda, são menos de 30% (trinta por cento) de mulheres nos quadros societários de escritórios de advocacia, o que demonstra a inferioridade da mulher nessa profissão.

O preconceito está entranhado e surge de colegas de profissão, juízes, procuradores e até mesmos dos clientes. A constituição da mulher advogada como patrona não implica em confiança imediata, sendo necessário diversos esclarecimentos para que o cliente se sinta confortável com a demanda sendo conduzida pela profissional.

O processo de captação de clientes é por vezes mais exaustiva, já que nas reuniões, mesmo esclarecidos todos os pontos relativos aos direitos violados do cliente, este decide não ser o melhor momento para assinar a procuração, que vai "pensar melhor" e, logo em seguida constituirá um outro advogado, homem, que na concepção do cliente, é mais experiente.

Ainda, não é difícil encontrar uma advogada que tenha sofrido algum tipo de discriminação no ambiente de trabalho, atualmente.

A mudança no comportamento é o primeiro sinal aparente da advogada para exalar credibilidade em meio aos demais colegas de profissão, já que a meiguice e delicadeza normalmente são características de fraqueza, despreparo e inexperiência.

Se jovem a advogada então o preconceito é ainda maior, são incontáveis os casos de preconceitos sofridos por jovens advogadas, principalmente se no mesmo local de trabalho existirem profissionais do sexo masculino e ainda com idade superior. São consideradas por vezes como estagiárias, assistentes e até mesmo aprendizes, mesmo que a experiência profissional seja efetiva e relevante ou até mesmo superior.

A credibilidade conferida ao profissional do sexo masculino, muitas vezes é determinante, mesmo que isso nada tenha relação com a sua capacidade profissional.

Situações de desconfianças e comentários maldosos sempre permeiam a advocacia feminina. *"Porque confiar em uma advogada jovem, e bonita ainda?"* ou ainda *"quando for despachar com juiz não esqueça o decote ou a saia"* ou então situações com os próprios colegas de trabalho, mesmo que por vezes inconscientemente dizem *"você abrilhanta nosso dia com sua beleza"* e *"então como o acordo não saiu viemos apenas apreciar sua beleza".*

Além disso, na visão de muitos advogados homens, as mulheres tendem a ser mais resistentes a negociações e celebração de acordos, uma insinuação tendenciosa e machista de que a mulher precisa sustentar muitos argumentos para passar credibilidade, sendo até mesmo consideradas chatas e arrogantes que podem atrair para o lado pessoal a demanda.

Ocorre que não há qualquer comprovação de tal situação prática, ou melhor, tais "características" podem ser facilmente atribuídas a qualquer profissional, seja homem ou mulher. Sendo assim, se existe uma resistência desses profissionais com essa escusa, o preconceito está caracterizado.

Os estereótipos são muitos além desses citados, e são atribuídos às mulheres por nítido preconceito e discriminação.

Simplesmente o fato de ser mulher não é o suficiente para que advogadas enfrentem dificuldades em suas carreiras, mas isso é ainda maior quando jovem, como se a mulher jovem não tivesse passado pelos mesmos critérios de qualificação que o homem advogado.

Muito embora existam relatos de jovens advogados homens com pouca credibilidade pela inexperiência profissional, a inserção destes no mercado de trabalho é diluída e menos árdua, do que para as mulheres na mesma situação.

O preconceito no setor judiciário atinge ainda mulheres com incontestável e irretocável conhecimento jurídico, como é o caso da Ministra Carmen Lucia, do Supremo Tribunal Federal.

Na entrevista disponibilizada a Revista Cláudia da Editora Abril no dia 20 de agosto de 2018, realizada brilhantemente pela jornalista Patrícia Zaidan, a Ministra informou que perdia o sono durante as noites e estava abaixo do seu peso devido as preocupações no trabalho e ainda apontou: *"Não cedo diante de pressões pelo fato de eu ser mulher. A sociedade é preconceituosa. O Judiciário, muito mais",* diz na entrevista.

Numa síntese da matéria, a Ministra afirmou que mesmo sendo minoria, sendo discriminada por ser mulher pelos próprios companheiros de trabalho e exercendo um grande cargo à época, como presidente da mais alta Corte brasileira do Poder Judiciário, as críticas devem existir sim, mas a força da mulher deve ser algo muito maior que as tentativas externas de minar as suas iniciativas.

A Ministra Carmen Lucia falou sobre as interrupções que sofre no trabalho dos demais Ministros do Supremo Tribunal Federal ou ainda sobre a insistente tentativa de lhe explicarem o que ela "não entendeu" ou ainda sobre o que acabou de explicar.

Nessa visão, é evidente que o preconceito é comum no setor jurídico com relação às mulheres juristas, não sendo excluída do preconceito nem mesmo aquela que exerce o cargo mais alto.

Se levarmos em consideração as audiências ou ainda as reuniões com colegas de trabalho, é evidente que uma mulher advogada já tenha passado por alguma situação destas elencadas pela Ministra Carmen Lúcia.

Além disso, as casas dos Advogados são locais em que o profissional deveria se sentir à vontade, confortável. Contudo, para a mulher advogada é intimidador adentrar aos salões e se deparar com inúmeros quadros dos antecessores de presidentes da subseção ou seccional. A advogada não se sente efetivamente representada, e isso acontece não pelas obras realizadas pelos referidos profissionais, mas pelo ambiente propício ao homem advogado.

Assim o incomodo na casa da advocacia, que deveria acolher todos os profissionais da área, acaba manchando o seu objetivo, ainda que atualmente já existam alguns planos de valorização da advocacia feminina sendo difundido pela OAB.

Portanto, diante desta análise, a inclusão da mulher na casa da advocacia deve ser medida a se alcançar, não apenas pela ausência de um quadro com uma mulher representada, mas com medidas que acolham essas profissionais.

6. CONSIDERAÇÕES FINAIS

No entanto, mesmo sendo forçoso reconhecer que o Brasil é um país machista e de costumes ultrapassados, a mulher vem lutando para conseguir um lugar ao sol na profissão que escolheu, ainda que sua credibilidade como profissional seja sempre questionada e seu profissionalismo seja subestimado.

A força da mulher advogada é inegável, são tantos exemplos de luta a serem seguidos que a fé e a esperança no sucesso profissional se renovam.

Inspiração em grandes forças femininas da história e da atualidade deve servir como combustível para afastar qualquer desestímulo. O preconceito não deve ser relevante para que a mulher trabalhadora consiga seu propósito e objetivo.

O preconceito contra mulheres tende a diminuir com a mudança de comportamento da sociedade, principalmente futura. Educar a futura geração a se tornarem seres humanos livres de qualquer discriminação e éticos e ainda mudando um comportamento intrínseco calcado em corrupção, ainda que no sentido mais leve da palavra, será construído um futuro melhor, igualitário para a nova geração de mulheres que desempenharão cargos de liderança com dedicação e delicadeza, assim como, com eficiência e conhecimento que são características já existentes, mas que são mascaradas com esse comportamento discriminador.

No setor jurídico, a criação de comissões como da valorização da advocacia feminina, comissão da mulher advogada, entre outras, são suportes para crescimento profissional destas mulheres.

Um grande exemplo fortalecedor de âmbito nacional e estadual foi a criação pela OAB de Planos de Valorização da Mulher Advogada para que o exercício da profissão da mulher advogada seja respeitado por todos.

O fato é que a passos curtos muito se identifica acerca de combates ao preconceito de gênero, contudo, suas ramificações dificultam o avanço, principalmente quanto a discussão levantada. A mulher não deve ser discriminada porque tem capacidade e qualificação profissional para desempenhar o trabalho que escolheu, independente se essa atividade é considerada "profissão de mulher" ou "para a mulher" ou não.

Deixar de lado insinuações como elevação da beleza feminina, as virtudes domésticas e a delicadeza nas tarefas garantirão um local de trabalho mais justo e concorrido para as mulheres e mais, a ascensão de mulheres a altos cargos d e relevância não podem ser vistos por outras mulheres como concorrência, mas sim como meio de alavancar outras mulheres a desempenharem mesmos cargos.

O sucesso profissional da mulher deve estar atrelado única e exclusivamente a sua força de vontade e aos seus objetivos. A expressão que diz *"a união faz a força"* é muito importante nesse quesito, visto que somente nós mulheres podemos dar protagonismo para o nosso trabalho e demonstrar que a mulher trabalhadora tem nível de excelência em sua carreira profissional.

7. REFERÊNCIAS

BERTHO, Helena. **48% das mães ficam desemprega no primeiro ano após o parto**. UOL. Disponível em: https://www.uol.com.br/universa/noticias/redacao/2017/08/28/48-das-maes-ficam-desempregadas-no-primeiro-ano-apos-o-parto.htm. Acesso em: 22 de abril de 2019.

FIESP. **Entrevista: mulheres e mercado de trabalho**. Disponível em: Acesso em: https://www.fiesp.com.br/indices-pesquisas-e-publicacoes/entrevista-ana-paula-morgado/. Acesso em: 12 de agosto de 2019.

MACHADO, Cecília. **Mulheres perdem trabalhos após terem filhos**. FGV. Disponível em: https://portal.fgv.br/think-tank/mulheres-perdem-trabalho-apos-terem-filhos. Acesso em: 22 de abril de 2019.

MENDES, Ana Clara; RODRIGUES, Mariane. **Marinela: única presidente de uma seccional da OAB no Brasil**. Data:19/08/2017.Disponívelem:http://gazetaweb.globo.com/gazetadealagoas/noticia.php?c=311008. Acesso em: 19 de julho de 2019.

MIGALHAS. **Dia da mulher: conheça Myrthes Campos, a primeira advogada do Brasil**. Data: 06/03/2015. Disponívelem:https://www.migalhas.com.br/Quentes/17,MI216736,31047Dia+da+Mulher+conheca+Myrthes+Campos+a+primeira+advogada+do+Brasil. Acesso em: 18 de maio de 2019.

OAB. **Institucional/quadro de advogados.** Disponível em:https://www.oab.org.br/institucionalconselhofederal/quadroadvogados. Acesso em: 22 de abril de 2019.

PAIS, el. **Pesquisa aponta que metade das mulheres que engravidam perdem o emprego até dois anos depois da licença maternidade**. Data: 27/02/2019. Disponível em: http://sinasefeifsul.org.br/noticias/pesquisa-aponta-que-metade-das-mulheres-que-engravidam-perdem-o-emprego-ate-dois-anos-depois-da-licenca-maternidade/1082/. Acesso em: 22 de abril de 2019.

REIS, advogados; Migalhas. **Mulheres representam quase metade dos advogados do Brasi**l. Data: 09/03/2018.Disponívelem:https://www.migalhas.com.br/Quentes/17,MI275987,101048Mulheres+representam+quase+metade+dos+advogados+do+Brasil. Acesso em: 22 de abril de 2019.

A MULHER DO CAMPO: SUAS LUTAS E CONQUISTAS SOB ENFOQUE PREVIDENCIÁRIO

Maricler Botelho de Oliveira
Advogada, formada em Direito (2001), pela FAI - Faculdades Adamantinenses Integradas. Militante na área de Direito Trabalhista e Previdenciário (2002).

Sumário: 1. Introdução – 2. Evolução histórica da previdência social – 2.1 Constituição de 1824 – 2.2 Constituição de 1891 – 2.3 Constituição de 1934 – 2.4 Constituição de 1937 – 2.5 Constituição e 1946 – 2.6 Constituição de 1967 – 2.7 Constituição de 1988 – 3. O regime de previdência social – 4. O trabalhador rural – 5. Tipos de aposentadorias para o trabalhador rural – 5.1 Aposentadoria por idade rural – 5.2 Aposentadoria por tempo de contribuição – 5.3 Pensão por morte rural – 5.4 Salário maternidade rural – 6. As mulheres do campo – 6.1 Igualdade de gênero no campo - 6.1.1 Ser desigual para se tornar igual – 6.1.2 A ausência de voz – 6.1.3 A mulher do campo no MST – 7. Considerações finais – 8. Referências bibliográficas.

1. INTRODUÇÃO

O presente trabalho visa discorrer sobre o papel da mulher do campo. A sua importância no agronegócio e movimentos sociais. Com a evolução de suas conquistas e direitos na Previdência Social.

2. EVOLUÇÃO HISTÓRICA DA PREVIDÊNCIA SOCIAL

Ao falarmos de previdência social é preciso, inicialmente, lembrarmos de sua evolução na história de nosso país.

Tendo o direito uma realidade histórico-cultural não podemos estudar um de seus ramos sem o conhecimento do seu desenvolvimento no decorrer dos anos.

2.1. CONSTITUIÇÃO DE 1824

Preconizando a constituição dos socorros públicos, o artigo 179 da Constituição de 1824 foi a única disposição sobre a seguridade social.

Em forma de Ato Adicional no ano de 1834, estipulou-se as Assembleias Legislativas para legislar sobre as casas de socorros públicos.

No ano de 1835 como a primeira previdência privada, surge Mongeral antecedendo a lei austríaca e a lei alemã, 1845 e 1883 respectivamente.

O sistema de cotas e mutualismo entre os associados para cobertura de certos riscos, a Mongeral trouxe muito antes da Lei Eloy Chaves a maior parte dos institutos securitários existentes nas legislações modernas.

2.2. CONSTITUIÇÃO DE 1891

A expressão "aposentadoria" surgiu pela primeira vez no texto legal da Constituição de 1891 em seu artigo 75:

> "A aposentadoria só poderá ser dada aos funcionários públicos em caso de invalidez à serviço da nação".

Em 1923, a Lei Eloy Chaves foi a primeira norma no Brasil a instituir a previdência social. Foi com o Decreto 4.682 de 24.01.1923, lei Eloy Chaves, que foram criadas as Caixas de Aposentadorias e Pensões aos ferroviários.

O surgimento dessa lei se deu em virtude de vários movimentos e paralisações que estavam acarretando danos econômicos ao país, já que se tratava de mão de obra importante.

Ante as manifestações se fez necessário a criação dos benefícios de: aposentadoria por invalidez, ordinária (equivalente à aposentadoria por tempo de contribuição), pensão por morte e assistência médica.

Apesar da criação da Lei Eloy Chaves, não eram todos os trabalhadores que se beneficiavam desta lei já que abrangia somente os trabalhadores e diaristas do setor ferroviário.

Em 03.09.1926 através de Emenda Constitucional se estabeleceu que o Congresso Nacional estava autorizado a "legislar" sobre *"licenças, aposentadorias e reformas, se podendo conceder nem alterar por leis especiais"* (§29 do artigo 54).

A partir de então, as pessoas passaram a se unirem em forma de "cotização" para criação das Caixas de Previdência.

A partir de 20.12.1926, os benefícios foram estendidos à Marítimos e portuários (Decreto Legislativo 5.109).

Em 30.06.1923 a extensão ocorreu às empresas de telégrafos e radiotelegráficos (Lei 5.485/28).

Em 17.12.1930 foi criado o CAPS para os empregados das empresas de força, luz e bondes. (Decreto 19.497/30).

Houve uma reformulação das Caixas com o Decreto 20.465/31 e na época da Revolução, o sistema previdenciário deixou de ser estruturado por empresas e passou a abranger categorias profissionais.

Apenas para discorrer sobre algumas categorias profissionais que surgiram na reformulação das Caixas de Previdência neste período:

- Instituto de Aposentadorias e Pensões Marítimos (Decreto 22.872 em 29.06.1933);
- Armadores de pesca e dos pescadores e demais empregados da indústria de pesca (Decreto 3.832 de 18.11.1941);
- Instituto de Aposentadoria e Pensões dos Comerciários (Decreto 24.273 de 22.05.1934 e reorganizado em 09.04.1940 pelo Decreto 2.122);
- IAPB – Instituto de Aposentadoria e Pensões dos Bancários (Decreto 24.615 de 09.06.1934).

2.3. CONSTITUIÇÃO DE 1934

A partir da Constituição de 1934, a União passou a ter competência para fixar regras de assistência social e também autorizava os Estados Membros fiscalizarem e aplicarem as "leis sociais".

Foi com a Constituição de 1934 que se estabeleceu a forma tríplice de custeio no seu artigo 121, § 1º, h.

Surge a Aposentadoria Compulsória para os funcionários público que atingissem 68 anos de idade.

O salário integral na Aposentadoria por Invalidez era devido ao funcionário público com mínimo de 30 anos de trabalho. O auxílio acidente deveria ser equivalente ao valor integral da remuneração. Em ambos benefícios se limitavam ao teto da remuneração (§7° do artigo 170).

O §2° do artigo 172 trouxe a possibilidade de cumulação de benefícios desde que houvesse previsão legal para as pensões de Montepio e vantagens de inatividade.

Foi com a Lei n° 367 de 31.12.1936 que se criou o Instituto de Aposentadorias e Pensões dos Industriários, mas, com a ressalva, de não extensão aos familiares dos proprietários que ali trabalhassem.

2.4. CONSTITUIÇÃO DE 1937

Não houve evolução no texto legal sobre a previdência nesta Constituição. A mudança ocorreu apenas na terminologia que passou a empregar a expressão "seguro social" em vez de "previdência social".

Sob vigência da Constituição de 1937 criou-se o Instituto de Aposentadorias e Pensões dos Empregados

dos Transportes de Cargas pelo Decreto 775 de 07.10.1938.

Em 07.05.1948 determinou-se a criação de um só tipo de Instituição de Previdência Social: o Instituto de Serviços Sociais do Brasil (ISSB).

Houve a consolidação de todos recursos em um só fundo e abrangia os trabalhadores ativos a partir de 14 anos. O ISSB nunca chegou a ser implantado.

2.5. CONSTITUIÇÃO DE 1946

Foi com a Constituição de 1946 que surgiu pela primeira vez a expressão "previdência social".

Houve a unificação de todas as CAPS no Instituto dos Trabalhadores de Ferrovias e Serviços Públicos (IADFESP) em 12.11.1953 pelo Decreto 34.586.

Foi aprovado o novo regulamento do IAPC facultando a filiação de profissionais liberais como segurados autônomos (Decreto 32.667/53).

Ainda, durante a vigência da Constituição de 1946 é criado o LOPS (Lei 3.807/60), que amplia os benefícios e cria-se vários auxílios: auxílio natalidade, auxilio funeral, auxilio reclusão e estende-se a área de assistência social a outras categorias profissionais.

Surge o FUNRURAL com a Lei 4.214/63 e o salário família com a Lei 4.266/63.

Houveram mudanças na sistemática de arrecadação (EC 11/65 e decreto Lei 66/66).

Entretanto, foi o Decreto lei 72 de 21.11.1966 que unificou os institutos de Aposentadorias e Pensões centralizando-se a sua organização previdenciária no INPS implantado em 02.01.1967.

2.6. CONSTITUIÇÃO DE 1967

Sem maiores inovações, a Constituição de 1967 manteve o texto da Constituição de 1937.

Porém, benefícios previdenciários continuaram a surgir e as modificações vieram por Leis e Decretos.

A lei 5.316/67 integrou o Acidente de Trabalho no sistema previdenciário.

A contagem de tempo de serviço dos funcionários públicos civis da União e das autarquias, passaram a ser tratados pelo Decreto lei 704/69.

Em 13.10.1969 através do Decreto lei 959/69 as empresas passaram a recolher a contribuição previdenciária sobre o trabalho autônomo.

Foi com a Lei 11 de 25.05.1971 que se instituiu o Programa de Assistência ao trabalhador Rural (Pro-rural) e com o Decreto nº 69.919/72 houve a sua regulamentação.

A lei 5.939/763 instituiu o salário benefício ao jogador de futebol profissional.

O salário maternidade foi incluído entre os benefícios previdenciários em 07.11.1974 pela Lei 6.136/74.

O amparo previdenciário para maiores de 70 anos de idade e inválidos foi criado pela Lei 6.179 em 11.12.1974 e equivaleria a meio salário mínimo.

A lei 6.195 de 19.1.1974 criou a infortunística rural e a Lei 6.260 de 06.11.1975 instituiu benefícios e serviços previdenciários para os empregados rurais e seus dependentes.

A lei 6.439 de 01.07.1977 instituiu o SINPAS (Sistema Nacional de Previdência e Assistência Social) com o intuito de reorganizar a previdência social.

Em 27.02.1986 pelo Decreto lei 2.283 foi instituído o Seguro Desemprego.

2.7. CONSTITUIÇÃO DE 1988

Promulgada em 05.10.1988, a nossa Carta Magna trouxe todo um capítulo que trata da Previdência Social.

O Decreto 99.060, de 07.03.1990, vinculou o INAMPS ao Ministério da Saúde.

Com a Lei 8.029/90 e o Decreto nº 99.360/90, foi criado o INSS (Instituto Nacional do Seguro Social), autarquia federal vinculada ao Ministério do Trabalho e Previdência Social havendo a fusão do IAPAS com o INPS.

O plano de custeio entrou em vigo com a Lei 8.212/91 e os benefícios previdenciários com a Lei 8.213/91.

A Lei 8.540/92 dispôs sobre a contribuição do Empregado Rural para a seguridade social.

3. O REGIME GERAL DE PREVIDÊNCIA SOCIAL

O Regime Geral de Previdência Social (RGPS) tem suas políticas elaboradas pela Secretaria de Previdência do Ministério da Fazenda e executadas pelo Instituto Nacional do Seguro Social (INSS), autarquia federal vinculada ao Ministério do Desenvolvimento Social e Agrário.

Este Regime possui caráter contributivo e de filiação obrigatória. Dentre os contribuintes, encontram-se os empregadores, empregados assalariados, domésticos, autônomos, contribuintes individuais e trabalhadores rurais.

O atual modelo de proteção social no Brasil foi instituído pela Constituição Federal de 1988 por meio do sistema de Seguridade Social, que tem por objetivo garantir a atuação do Estado nas áreas de saúde, assistência social e previdência social.

O Instituto Nacional do Seguro Social foi criado em 1990, substituindo os antigos INPS e IAPAS, com a função de administrar os benefícios e serviços da previdência social e de arrecadar, fiscalizar e cobrar as contribuições sociais destinadas ao custeio do sistema previdenciário. Estas últimas funções, de natureza tributária, foram transferidas em 2007 para a Receita Federal do Brasil.

O Regime Geral de Previdência foi criado com a finalidade social de assegurar que o cidadão/contribuinte possua meios de subsistência quando não puder dispor do seu trabalho, seja por idade avançada, seja por incapacidade laborativa. Sua finalidade está inserida no artigo 1º da Lei 8.123/91:

> "A Previdência Social, mediante contribuição, tem por fim assegurar aos seus beneficiários meios indispensáveis de manutenção, por motivo de incapacidade, desemprego involuntário, idade avançada, tempo de serviço, encargos familiares e prisão ou morte daqueles de quem dependiam economicamente".

Sua base de organização é a contribuição, assegurando a seus beneficiários uma forma de manter condições indispensáveis de manutenção de suas garantias individuais:

> "Art. 2º A Previdência Social rege-se pelos seguintes princípios e objetivos:
> I - universalidade de participação nos planos previdenciários;
> II – uniformidade e equivalência dos benefícios e serviços às populações urbanas e rurais;
> III - seletividade e distributividade na prestação dos benefícios;
> IV - cálculo dos benefícios considerando-se os salários-de-contribuição corrigidos monetariamente;
> V - irredutibilidade do valor dos benefícios de forma a preservar-lhes o poder aquisitivo;
> VI - valor da renda mensal dos benefícios substitutos do salário-de-contribuição ou do rendimento do trabalho do segurado não inferior ao do salário mínimo;
> VII - previdência complementar facultativa, custeada por contribuição adicional;
> VIII - caráter democrático e descentralizado da gestão administrativa, com a participação do governo e da comunidade, em especial de trabalhadores em atividade, empregadores e aposentados.
> Parágrafo único. A participação referida no inciso VIII deste artigo será efetivada a nível federal, estadual e municipal.

O Regime Geral de previdência social estabelece e classifica os seus segurados e dependentes nos artigos 11 a 16 da Lei 8.213/91.

Conforme já explanado, o Regime Geral da Previdência Social possui a finalidade de prover ao segurado e suas famílias tranquilidade no momento em que, havendo qualquer contingência ou não possa dispor de sua mantença, o segurado não tenha a sua qualidade de vida diminuída.

Os segurados e seus dependentes estão elencados nos artigos 11 e 16 da Lei 8.123/91.

Agora passearemos a falar sobre os segurados especiais que abrangem o trabalhador do campo.

4. O TRABALHADOR RURAL

A definição de trabalhador rural está inserida na Lei 5.889/1973 e do Decreto 73.626/1974.

> "Art. 2º Empregado rural é toda pessoa física que, em propriedade rural ou prédio rústico,

presta serviços de natureza não eventual a empregador rural, sob a dependência deste e mediante salário."

"Art. 3º - Considera-se empregador, rural, para os efeitos desta Lei, a pessoa física ou jurídica, proprietário ou não, que explore atividade agro econômica, em caráter permanente ou temporário, diretamente ou através de prepostos e com auxílio de empregados.

"Art. 4º - Equipara-se ao empregador rural, a pessoa física ou jurídica que, habitualmente, em caráter profissional, e por conta de terceiros, execute serviços de natureza agrária, mediante utilização do trabalho de outrem.

Os artigos acima citados trazem antes da promulgação da Constituição Federal de 1988, as peculiaridades da atividade e sua regulamentação no contexto trabalhista.

As regulamentações da previdência social dos trabalhadores rurais ainda eram regidas pela Lei Complementar 11/71 – FUNRURAL.

O FUNRURAL trazido pela Lei Complementar 11/71 versava sobre a definição do trabalhador rural, todos os benefícios de assistência ao trabalhador rural e sua família, desde aposentadorias, pensões, custeio à própria forma de arrecadação e repasses.

> "Art. 1º É instituído o Programa de Assistência ao Trabalhador Rural (PRORURAL), nos termos da presente Lei Complementar.
>
> "Art. 2º O Programa de Assistência ao Trabalhador Rural consistirá na prestação dos seguintes benefícios:
> I - aposentadoria por velhice;
> II - aposentadoria por invalidez;
> III - pensão;
> IV - auxílio-funeral;
> V - serviço de saúde;
> VI - serviço de social."
>
> "Art. 3º São beneficiários do Programa de Assistência instituído nesta Lei Complementar o trabalhador rural e seus dependentes."

Com advento da Constituição Federal de 1988 houve a equiparação dos trabalhadores urbanos e rurais. O artigo 195, §8º da Constituição Federal dispõe:

> "A seguridade social será financiada por toda a sociedade, de forma direta e indireta, nos termos da lei, mediante recursos provenientes dos orçamentos da União, dos Estados, do

> Distrito Federal e dos Municípios, e das seguintes contribuições sociais:
> (...)
> § 8º O produtor, o parceiro, o meeiro e o arrendatário rurais e o pescador artesanal, bem como os respectivos cônjuges, que exerçam suas atividades em regime de economia familiar, sem empregados permanentes, contribuirão para a seguridade social mediante a aplicação de uma alíquota sobre o resultado da comercialização da produção e farão jus aos benefícios nos termos da lei". (...)

Em 1988, a Constituição da República equiparou os direitos trabalhistas e previdenciários de trabalhadores rurais aos dos urbanos, entre eles a extensão do Fundo de Garantia do Tempo de Serviço (FGTS). O prazo prescricional só foi equiparado mais tarde, com a Emenda Constitucional 28/2000.

Note-se, entretanto, que o texto legal traz somente a contribuição previdenciária sobre a produção.

Sobre a definição do produtor rural já trazidas pela Lei 5.889/73, houve a regulamentação da contribuição nas alterações trazidas pela Lei 11.718/2008.

Os trabalhadores rurais foram inseridos na Lei 8.123/91 momento em que restou claro a obrigatoriedade do recolhimento da contribuição previdenciária pelo empregador rural ou pelo próprio trabalhador. Abrangeu também a definição de segurado especial.

Assim, a definição de empregado rural está inserida no artigo 11, I, *a*; e como segurado especial artigo 11, VII ambos da Lei 8.123/91.

5. TIPOS DE APOSENTADORIAS PARA O TRABALHADOR RURAL

5.1. APOSENTADORIA POR IDADE RURAL

A aposentadoria por idade rural é devida ao segurado especial ou empregado que comprova o mínimo de 180 meses de contribuições e conte com 60 anos de idade, se homem ou, 55 anos de idade se mulher.

É exigido que todo o período de labor tenha ocorrido na zona rural.

Caso haja período de labor urbano, o primeiro e o último devem ser na zona rural para se manter a regra de idade.

Sendo o primeiro ou o último labor na zona urbana, o tempo de labor rural pode ser utilizado para soma/contagem para aposentadoria por idade urbana, entretanto, segue a regra da Aposentadoria por Idade Urbana sendo necessário além da contribuição de 180 meses, a idade mínima de 65 anos de idade para homem e 60 anos de idade para mulher.

A mistura do tempo urbano e rural para Aposentadoria por Idade Rural/Urbana é chamada de Aposentadoria Híbrida.

5.2. APOSENTADORIA POR TEMPO DE CONTRIBUIÇÃO

Tanto o segurado especial quanto o trabalhador rural empregado podem solicitar a Aposentadoria por Tempo de Contribuição.

Segue-se a mesma regra geral:

- 30 anos de contribuição para mulheres;

- 35 anos de contribuição para homens.

Aproveita-se o tempo de labor rural para soma em labor urbano, se houver.

A aplicação do fator previdenciário criado em 1999 também segue a regra geral. Com o advento da Lei 13.183/2015 a não aplicação do fator previdenciário à RMI segue o preenchimento dos requisitos tempo de contribuição e idade.

5.3. PENSÃO POR MORTE RURAL

Trata-se de um benefício destinado aos dependentes do segurado especial: trabalhador rural, pescador artesanal e índio que produzem em regime de economia familiar, sem utilização de mão de obra assalariada permanente. Também se estende aos dependentes dos trabalhadores rurais empregados.

Fazem jus os dependentes do trabalhador rural que vier a falecer ou, em caso de desaparecimento, tiver sua morte presumida declarada judicialmente (for declarado oficialmente morto).

5.4. SALÁRIO MATERNIDADE RURAL

Benefício devido à gestante enquanto trabalhadora rural que tenha contribuído com no mínimo 10 (dez) meses antes do nascimento da criança.

A Lei 8.861/94, em seu §3º, estendeu o direito a percepção do Benefício de Salário Maternidade Rural às Seguradas Especiais. Para tanto exigia-se a comprovação do labor na atividade rural como Segurada Especial nos últimos 12 (doze) meses, ainda que descontínuo, anteriores à data do recebimento do benefício.

Houve redução do tempo de comprovação do exercício de atividade rural para 10 (dez) meses com a Lei 9.876/99.

Com o advento da Lei 12.873/2013, o benefício se estendeu à mãe adotante.

6. AS MULHERES DO CAMPO

As mulheres do campo atualmente são responsáveis por mais da metade da produção de alimentos do mundo.

Possuem um valioso papel na preservação do meio ambiente e no compromisso de produzir alimentos saudáveis.

Contudo, as mulheres do campo são as que mais vivem em situação de desigualdade social.

A grande maioria das mulheres trabalha em terras que não são proprietárias. Outra maioria trabalha em condições desiguais aos trabalhadores do sexo oposto. Já outras mulheres simplesmente são invisíveis e ainda, no século XXI, não possuem renda própria.

Vamos discorrer sobre lutas, direitos e conquistas da mulher do campo.

6.1. A IGUALDADE DE GÊNERO NO CAMPO

A Constituição Federal no artigo 5º, I traz: *"Homens e mulheres são iguais em direitos e obrigações, nos termos desta Constituição"*.

É no inciso primeiro do artigo 5º da Constituição Federal que é tratado a igualdade do homem e da mulher.

A nossa Carta Magna prevê que todas as pessoas são iguais perante a lei. Com isso, todos temos os mesmos direitos e obrigações. Trata-se do princípio da Igualdade e da Isonomia amparado pela Constituição Federal em seu artigo 5º:

> "Artigo 5º - Todos são iguais perante a lei, sem distinção de qualquer natureza, garantindo-se aos brasileiros e residentes no País a inviolabilidade do direito à vida, à liberdade, à igualdade, à segurança e à propriedade, nos termos seguintes;"

A igualdade tratada no caput do artigo 5º da Constituição Federal deve ser interpretada tanto como igualdade formal: *todos os cidadãos devem receber tratamento idêntico perante a lei*; quanto igualdade material: mesmo havendo diferenças entre os cidadãos, deve-se haver um equilíbrio de forma a proteger e amparar a todos de forma igual.

Sob enfoque da igualdade formal e igualdade material que conseguiremos um efetivo resultado na igualdade de gêneros. A observação das diferenças com a criação de leis próprias, em razão disso, é que se fará eficaz o combate à desigualdade.

6.1.1. SER DESIGUAL PARA SE TORNAR IGUAL

É de suma importância que a sociedade reconheça e dê atenção aos diferentes grupos de mulheres.

Um dos pilares de uma sociedade com isonomia, justa e democrática é igualdade de gêneros.

Ainda que tenha havido outros movimentos significativos, não houve maiores mudanças anteriores a promulgação da Constituição Federal de 1988.

> "Um ponto importante para entender a aprovação de diversas dessas reivindicações é o papel das mulheres eleitas para participarem da <u>Assembleia Constituinte 1987-1988</u>." Ao todo, 26 mulheres foram escolhidas, o que representava 5,3% dos Constituintes. Ainda que essas 26 constituintes representassem partidos e ideologias diferentes, elas atuaram conjuntamente para garantir que as reivindicações das mulheres fossem ouvidas e foram fundamentais na <u>conquista dos direitos</u> solicitados. Estima-se que 80% das reivindicações feitas no Lobby do Batom foram

aprovadas. Dentre as conquistas, destacam-se:
- Licença maternidade de 120 dias;
- Direito à posse de terra por mulheres, e não apenas homens como era previsto anteriormente;
- <u>Igualdade de direitos e salários entre homens e mulheres</u>;- Estabelecimento de mecanismos para lutar contra a <u>violência doméstica</u>;
- Confirmação da <u>Lei do Divórcio</u>, formulada em 1977;
- Garantia do direito à creche." (fonte: /www12.senado.leg.br/noticias/materias/2018/03/06/lobby-do-batom-marco-historico-no-combate-a-discriminacoes)

Pois bem, enquanto se conquistava direitos às mulheres esses mesmos direitos não alcançavam as mulheres do campo.

Apesar da previsão legal e do texto que amparava a igualdade e isonomia, a falta de estudo e a realidade econômica não deixavam que o direito as alcançasse.

O alto índice de informalidade e a baixa renda contribuem para a falta de proteção e o cerceamento de defesa.

6.1.2. A AUSÊNCIA DE VOZ

A mulher do campo acompanha o seu pai inicialmente e logo depois o seu marido.

Na maioria das vezes apesar de trabalhar igualmente na função do seu pai, irmãos e marido, não tem a contraprestação de salário, registro ou da contribuição previdenciária.

Cumpre trazer duas situações distintas de difícil reconhecimento judicial.

Primeiramente é sabido que sendo um "seguro social" para que haja a contraprestação é necessário a contribuição previdenciária.

No artigo 11 da Lei 8.123/91 se verifica elencados os segurados e dependentes. Na alínea VII e §§ do artigo 11 da Lei 8.123/91 restou previsto o segurado especial e dependentes.

Ocorre que apesar da previsão legal, ainda assim a mulher precisa comprovar o desempenho da atividade rural juntamente com seu marido.

É uma situação frequente em processos julgados no Superior Tribunal de Justiça e que tem chamado a atenção pela precariedade social experimentada.

As trabalhadoras do campo que buscam reconhecimento da atividade desenvolvida em regime familiar para fins de aposentadoria possuem dificuldade para comprovação.

> "No julgamento das ações rescisórias 2.544 e 3.686, a 3ª Seção do STJ reconheceu que os documentos que atestam a condição de lavrador do cônjuge (certidão de casamento da qual conste a ocupação do cônjuge, certidão de nascimento dos filhos etc.) constituem início razoável de prova documental para fins de comprovação de tempo de serviço da trabalhadora rural. O colegiado posicionou-se no sentido de que a qualidade de rurícola da mulher funciona como extensão do atributo de segurado especial do marido. Dessa forma, se o marido desempenhava trabalho no meio rural, em regime familiar e para subsistência, presume-se que a mulher também o faça. O entendimento foi aplicado pelo ministro Jorge Mussi ao relatar a Ação Rescisória 4.340." (Fonte: Revista Consultor Jurídico, 12 de março de 2019, 10h43)

Trata-se de uma conquista recente, como pode se notar, mas que tem atingido diversas mulheres que se encontravam desamparadas ante a ausência do reconhecimento do seu direito.

Contudo, as mulheres do campo que acompanham seus maridos, ora empregados, ainda não conseguiram o reconhecimento da contraprestação do Estado após anos de labor rural.

Isso ocorre porque quando o marido é contratado por determinado empregador rural e tem a relação de emprego anotada em sua CTPS. Na maioria das vezes o trabalhador rural empregado passa a residir na propriedade rural do empregador juntamente com sua família.

Mas, diferente da situação da esposa do segurado especial (regime de economia familiar), o registro em CTPS do marido não serve como início de prova material para a esposa. Seus direitos não se estendem a esposa como no caso do Segurado Especial. Os direitos do trabalhador rural empregado são individuais. Para a esposa a legislação exige a sua contraprestação para fazer jus a qualquer benefício previdenciário.

Note-se que verificada qualquer relação de emprego a contribuição é obrigatória. Muitas sequer possuem conhecimento sobre essa diferenciação. Outras iniciam deixam para buscar qualquer direito após a Aposentadoria do marido por temerem perder a moradia da família e causarem uma eventual demissão do marido.

Por sua vez, apesar da ausência de registro de trabalho, a esposa para auxiliar o marido, atua no plantio e nas colheitas dos produtos dessa propriedade, mas, diferente da situação da esposa do segurado especial (regime de economia familiar) o registro em CTPS do marido não serve como inicio de prova material para a esposa. Seus direitos não se estendem a esposa.

Porém, muitas mulheres do campo iniciam a batalha posteriormente à Aposentadoria do marido, vez que antes poderiam perder a moradia e o marido o emprego.

Restam provas testemunhais que muitas vezes são insuficientes para comprovação de todos os anos de labor em atividade rural: muitas propriedades são vendidas, vizinhos perdem contato, as propriedades são distintas, etc.

A mulher do campo neste caso é vista como segurada obrigatória e necessitaria do registro e das contribuições vertidas no período do labor.

Com isso, inicia-se uma verdadeira batalha para comprovar sua condição senão como empregada, como safrista a famosa "boia-fria" que ainda se tem admitido a desnecessidade de contribuição para períodos anteriores à 1991.

Mas com o passar dos anos, períodos anteriores à 1991, considerando a idade mínima para reconhecimento como trabalhadora rural, se distancia do tempo mínimo de contribuição para requerimento de Aposentadoria.

Ou seja, a mulher do campo sem a devida anotação em sua CTPS dificilmente conseguirá comprovar a sua qualidade de segurada restando, apenas, o papel de dependente.

6.1.3. A MULHER DO CAMPO NO MOVIMENTO SEM TERRA

Não há como falar da mulher do campo sem falar do Movimento sem Terra.

Quantos de vocês presenciaram assentamentos espalhados pelas rodovias do nosso país com barracas de lonas, roupas em varais improvisados, mulheres e crianças vivendo precariamente?

O MST é uma organização que e propõe a reunir famílias para lutar pela terra e por isso as mulheres estão presentes desde os primeiros acampamentos. Com certeza um dos maiores movimentos que mobilizam mulheres em nosso país.

A luta por uma reforma agraria que se iniciou em meados de 1984, época em que muitas famílias perdiam suas terras para os financiamentos bancários e os pequenos camponeses eram excluídos do modelo agrário implantado.

Época de falta de empregos pela grande migração do campo para os centros urbanos, foi assim que muitas mulheres, esposas, mães, optaram por deixar suas casas na cidade para morar em um barraco de lona à beira de uma propriedade rural.

Entretanto, as mulheres apesar da participação ativa no trabalho agrícola ainda não possuem voz nas discussões. As mulheres do campo no MST sequer sabem onde os recursos financeiros são investidos.

Não possuem direito nem participação nas organizações de delimitação da área de moradia e de produção.

A maioria dos dirigentes das organizações do MST são homens.

Para agravar a situação da mulher do campo no Movimente sem Terra, mesmo participando do movimento e trabalhando na terra, as mulheres continuam sem terra.

Isso ocorre porque somente 12% dos assentamentos no Brasil estão em nome de mulheres.

O Ministério da Reforma Agrária do Brasil alegava que não havia espaço no formulário de cadastro das famílias para colocar o homem e a mulher como titulares do lote do assentamento, por isso a maioria das mulheres aparece nos documentos como dependente do marido.

Ao ocorrer uma separação do casal, a maioria sem estudo ou oprimida retorna à casa dos pais ou para um novo movimento em busca de uma área rural.

Ainda, sendo considerada apenas dependente, a mulher do campo do MST não é reconhecida como trabalhadora rural e por isso não tem acesso aos direitos previdenciários.

Em 2005 foi realizada uma Marcha pela igualdade de gênero e para que a propriedade rural do assentamento tenha o nome da mulher.

7. CONSIDERAÇÕES FINAIS

Conclui-se que sob enfoque previdenciário a mulher do campo ainda possui uma grande luta pela frente.

Em 1919 com a criação da Organização Mundial do Trabalho (OIT), destacou-se uma preocupação mundial para a equidade salarial de gênero.

Entretanto, no Brasil a equidade de direitos do trabalhador rural em relação ao trabalhador urbano surgiu apenas após a promulgação da Constituição Federal de 1988.

A mulher do campo continua na luta por condições dignas de trabalho, direitos trabalhistas e previdenciários.

Enquanto não se buscar a igualdade cuidando-se das diferenças, não se alcançará o equilíbrio necessário para aplicação da isonomia.

Estamos em pleno século XXI e ainda temos dados de mulheres que sequer possuem documentação. Não possuem estudo e sequer sabem quais são os seus direitos.

Mulheres que só conheceram uma realidade, a que lhe permitiram, seja pelo pais, seja pelo marido, seja pela sociedade.

Enquanto nossos olhos não se voltarem para essas mulheres, estaremos deixando de construir uma sociedade mais justa e mais igualitária de tal forma, que todos tenham condições de buscar melhorias com seus próprios recursos.

A Constituição ter trazido em seu texto formalmente que todos são iguais perante a lei não foi o suficiente aniquilar a desigualdade.

Políticas e estudos foram lançados. Estamos aptos para essa dispersão que possa atingir os alvos mais distantes?

8. REFERÊNCIAS BIBLIOGRÁFICAS

FAO. **Organização das nações unidas para alimentação e agricultura. Fao no Brasil.** Disponível em: http://www.fao.org/brasil/pt/. Acesso em: 01 de setembro de 2019.

INSS-instituto nacional do segurado social. **Aposentadoria por idade rural.** Data publicação: 20 de outubro de 2018. Última modificação: 30 de julho de 2019. Disponível em: https://www.inss.gov.br/beneficios/aposentadoria-por-idade-rural/. Acesso em: 30 de agosto de 2019.

MARTINS, Sergio Pinto. **Direito da seguridade social**. Ed. 38ª. Editora Saraiva. Ano. 2019.

MELLO, Celso D. de Albuquerque. **Direito Constitucional Internacional**. Ed.2º. Revista. Ano 2000.

MARTINS, José de Souza. **A questão agrária brasileira e o papel do MST**. In: STÉDILE, João Pedro (org.).

SENADO FEDERAL. **Atividade legislativa. Art.195.** Disponível em: https://www.senado.leg.br/atividade/const/con1988/con1988_26.06.2019/art_195_.asp. Acesso em 29 de agosto de 2019.

SOUSA, Marcius F.B. A participação das mulheres na elaboração da constituição de 1988. Disponível em:https://www12.senado.leg.br/publicacoes/estuds-legislativos/tipos-de-estudos/outras-publicacoes/volume-i-constituicao-de-1988/principios-e-direitos-fundamentais-a-participacao-das-mulheres-na-elaboracao-da-constituicao-de-1988. Acesso em 28 de agosto de 2019.

Raízes históricas do campesinato brasileiro. In: TEDESCO (Org.) Agricultura familiar: realidades e perspectivas. Passo Fundo-RS: UPF, 2001.

TST – Tribunal Superior do Trabalho. **Trabalho rural. Conteúdo de responsabilidade do SECOM- secretaria de comunicação social.** Disponível em: http://www.tst.jus.br/trabalho-rural. Acesso em: 20 de agosto de 2019.

WANDERLEY, N. A reforma agrária e a luta do MST. Petrópolis: Vozes, 1997 SORJ, Bernardo. Estado e classes na agricultura brasileira. Rio de Janeiro: Editora Guanabara, 198.

A MULHER COMO VÍTIMA DE CRIMES DIGITAIS

ROSELI ROSA DE OLIVEIRA TEIXEIRA,
Advogada formada em 1983 pela UNIVEM, atuante em todas as áreas do Direito.

Sumário: 1. Introdução – 2. Contexto histórico até a atualidade – 3. Acesso a justiça – 4. Leis sobre pornografia infantil – 5. Leis de proteção a privacidade – 6. Leis contra a violência das mulheres – 7. O equilíbrio entre a liberdade e proteção no tratamento da violência contra as mulheres – 7.1 Produção de provas – 7.2. Intermediários da internet – 7.3 Capacitação em mídias e empoderamento das usuárias – 7.4. Meios de comunicação – 7.5. Apoio para as vítimas sobreviventes da violência –8. Considerações finais – 9. Referências bibliográficas.

1. INTRODUÇÃO

Milhões de mulheres no mundo são alvos de violência doméstica só por serem o que são: mulheres. E a popularização de tecnologias de comunicação e redes sociais viabilizaram novas formas de violentá-las.

Está na hora o "mundo despertar" para a importância deste assunto, disse a ONU. A organização estima que 95% de todos os comportamentos agressivos e difamadores na internet tenham mulheres como alvos. *"A violência online subverteu a premissa original positiva da liberdade na internet e, com demasiada frequência, a tornou um espaço arrepiante que permite crueldade anônima e facilita ataques contra mulheres e meninas"* (Phumzile Mlambo-Ngcuka, da ONU Mulher, agência da organização dedicada à igualdade de gêneros e maior poder feminino).

A violência de gênero no mundo digital não é mais um "problema de primeiro mundo", dizem especialistas em tecnologia, e vem na esteira da popularização global de smartphones e tablets e da internet.

Também não é fácil combatê-lo, já que tecnologias digitais são uma faca de dois gumes, que pode ser usada tanto para perpetrar a violência de gênero quanto para fazer mulheres sentirem-se seguras e mais independentes.

A velocidade de comunicação que vivemos hoje ocorre de uma forma inimaginável, ante a agilidade e rapidez da mesma.

A rápida expansão destas tecnologias mudou a forma com que as pessoas se relacionam umas com as outras e com o mundo. Graças às tecnologias de informação e comunicação, as possibilidades de comunicar e compartilhar informação se multiplicaram e agilizaram.

Infelizmente o mau uso das tecnologias traz consequências indesejáveis quando utilizado como arma para prejudicar e denegrir a imagem da mulher.

Apesar dos avanços em relação aos direitos da mulher na sociedade brasileira, a mulher ainda enfrenta diariamente inúmeros desafios no que tange à igualdade no trabalho, na política, nas atividades domésticas, etc., sendo rotuladas como provocadoras de situações onde são ofendidas, humilhadas e desprezadas por uma sociedade extremamente machista.

Cada vez mais mulheres sofrem violência por conta do uso da Internet e dos telefones móveis.

Assim, o presente artigo versa sobre a violência virtual cometida contra as mulheres, envolvendo várias formas e meios e para tais levantamentos, foram realizados de forma sintética um resgate histórico sobre a evolução da tecnologia que possibilita este tipo de violência nos dias de hoje, problematizando os aspectos jurídicos que envolvem o tema e as consequências para a vítima e o agressor.

2. CONTEXTO HISTÓRICO ATÉ A ATUALIDADE

Por conta disso, para melhor explanação, indispensável se torna fazer menção a contexto histórico da comunicação na sociedade brasileira e até de forma global e seus rebatimentos no que se refere às mulheres e sobre os projetos existentes e instituídos para garantia do direito da mulher em situações que envolvem sua exposição não consentida, principalmente por meio do sexting, pornografia de vingança ou pornografia não consensual.

Esclarecendo, *sexting* trata-se de um fenômeno no qual adolescentes e jovens usam seus celulares, câmeras fotográficas, contas de e-mails, sala de bate-papo, comunicadores instantâneos e sites de relacionamento para produzir e enviar fotos sensuais de seu corpo (nu ou seminu), envolvendo também mensagens de texto eróticas (no celular ou internet) com convites e insinuações sexuais para namorado(a) , pretendentes e/ou amigo(as).

Em meio à esta discussão, surge também uma nova terminologia, a "pornografia de vingança", que tem por objetivo central dar status de crime a situações que são apresentadas, de maneira simplificada, como uma nova e tecnológica faceta da violência contra as mulheres, ou seja, contra mulheres com uma nova roupagem, sendo necessários, por isso, enfrentamentos políticos específicos e elaboração de soluções jurídicas mais rigorosas.

Inúmeras foram as mudanças nas formas de comunicação e informação. Verificamos que, no que se refere às mudanças nas formas de comunicação e informação, nota-se que a transitoriedade é uma das características principais da história da comunicação.

Vários foram os levantamentos feitos desde o final dos anos 80 do século passado quando começou a emergir a transformação tecnológica que impactaria na mudança da comunicação analógica para a digital, transformando radicalmente as noções de tempo e espaços, constatando que o número de usuários de redes sociais segue uma tendência constante de crescimento, através de *facebook, e-mail, whatsapp, youtube*, etc., no que se levou à discutir sobre o uso destas tecnologias de forma urgente, primando por uma postura consciente e crítica.

As tecnologias de informação e comunicação podem ser usadas de diferentes maneiras, inclusive para ampliar ou limitar liberdades e direitos. Tal situação pode ser observada em relação à violência contra as mulheres – o dano físico, mental ou sexual que as mulheres sofrem por serem mulheres ou que as afeta de forma desproporcional.

Atualmente, cada vez mais mulheres sofrem violência por conta do uso da Internet e dos telefones móveis. Por outro lado, as tecnologias de informação e comunicação podem ser utilizadas para incrementar o acesso das mulheres à informação e aos serviços necessários para proteger e promover seus direitos.

Todavia, poucas manifestações pelos direitos das mulheres abordam a complexa relação entre violência contra a mulher e tecnologias de informação e comunicação em suas atividades e na maioria dos países há pouca análise legal e política sobre o tema.

Sobre este tema, encontramos informações apoiadas nas experiências e achados do projeto ODM3: Dominemos a tecnologia - da Associação para o Progresso das Comunicações (APC). Este projeto trabalhou com organizações de direitos das mulheres de doze países da África, Ásia e América Latina entre 2009 e 2011 e ofereceu apoio a estas organizações para que investigassem e respondessem à violência relacionada com a tecnologia, e fortalecessem sua capacidade para usar ferramentas TIC em suas respostas à violência. O informe baseia-se também em outros trabalhos do Programa de Apoio às Redes de Mulheres (PARM) da APC na área de VCM, direitos das mulheres, direitos sexuais e TICs.

De forma global, ou seja, em todo o mundo, as mulheres sofrem desigualdades econômicas, políticas, sociais e culturais baseadas em gênero, que incluem o acesso a direitos como educação, saúde e segurança.

A violência contra mulheres manifesta-se de distintas maneiras ao redor do mundo. A violência e desigualdade que as mulheres vivenciam dependem de sua raça, classe social, orientação sexual, nacionalidade e localização geográfica.

De acordo com dados, as mulheres têm menos acesso às tecnologias de informações e comunicações e menos controle sobre elas que os homens, e as utilizam de maneira diferente.

Pelas informações obtidas em pesquisas, nos países em desenvolvimento, há menos usuárias de Internet que usuários. Em países de média e baixa renda, as mulheres têm 21% menos probabilidades de ter um telefone móvel. Esta desigualdade tem relação com a desigualdade de gênero mais ampla que existe nestas sociedades.

São muitos os fatores que contribuem para as diferenças de gênero no acesso, uso e controle das tecnologias de informações e comunicações, incluindo o acesso à educação, os custos de conexão, a falta de infraestrutura física, a pobreza, a disponibilidade de tempo e atitudes culturais.

Segundo consta, para que a sociedade da informação seja mais acessível para as mulheres, estas deveriam poder conectar-se às tecnologias de informações e comunicações de onde quer que estejam. Ademais, os conteúdos e espaços online disponíveis teriam que responder às necessidades e interesses das mulheres. Por último, as mulheres e suas organizações devem ter a capacidade de usar e tirar proveito das tecnologias de informações e comunicações.

A violência relacionada à tecnologia é uma forma de violência contra mulheres que se manifesta no contexto destas novas tecnologias. As tecnologias de informações e comunicações podem ser usadas para perpetrar violência de várias formas.

Os criminosos que praticam tal tipo de violência utilizam telefones móveis e Internet para seguir, molestar e vigiar os movimentos e atividades das mulheres. Em especial, usam os serviços de localização dos telefones celulares, obtêm senhas e vigiam as mensagens de texto e as chamadas recebidas. Os criminosos também usam as tecnologias de informações e comunicações para obter e distribuir fotos e gravações íntimas e sexuais de mulheres sem sua autorização.

As formas mais frequentes de violência contra mulheres relacionadas à tecnologia são:

- Perseguição online e cibermolestamento, uma das formas mais visíveis de violência contra mulheres;

- Violência doméstica, quando a tecnologia é usada em atos de violência e abuso em relações familiares ou conjugais;

- Agressão sexual e estupro, onde a tecnologia é utilizada para seguir os movimentos e atividades das mulheres e para saber onde elas estão. Também, quando a violência continua mediante o registro digital e distribuição da violação. Há casos em que foram utilizados avisos ou mensagens falsas na Internet para atrair as mulheres para as situações nas quais ocorreram as agressões sexuais;

- Violência contra mulheres culturalmente justificada, quando tecnologia cumpre uma função na criação de uma cultura de violência contra mulheres ou perpetua o uso da cultura ou da religião para justificar, ignorar o aceitar atos de violência contra mulheres e

- Violência dirigida a comunidades, onde determinadas comunidades sofrem ataques e perseguições online por conta de sua identidade sexual ou de gênero ou por sua posição política.

De acordo com as informações obtidas em pesquisas, as tecnologias de informações e comunicações permitem que os criminosos cometam atos de violência de forma anônima e distante das mulheres às quais se dirigem, o que torna mais difícil identificá-los e denunciá-los à justiça. Os serviços de rastreamento de telefones e as plataformas para compartilhamento de informações na rede também permitem a vigilância das atividades das mulheres e a reprodução e distribuição de fotos íntimas com muito pouco esforço e baixo custo.

Verifica-se que, devido à memória "tudo se registra, nada se esquece" da Internet e à possibilidade de reprodução infinita da informação, as mulheres experimentam as consequências dos textos e imagens da violência dirigida a elas sem poder fazer nada para controlar esta situação.

Em muitos casos de violência, os criminosos são vários. Por exemplo, na distribuição não autorizada de imagens privadas é frequente haver um único criminoso principal – a pessoa que publica as imagens. Porém, quem as vê e as faz circular torna-se criminoso adicional. Da mesma forma, a perseguição online costuma envolver vários abusadores que publicam comentários sexualmente agressivos e ameaças.

Assim sendo, todos estes atos de violência transgridem um conjunto de direitos das mulheres, que inclui o direito à privacidade e à proteção de informação pessoal e de dados sensíveis.

As estudiosas e pesquisadoras feministas defendem a ideia de que no contexto das tecnologias de informações e comunicações, o corpo transcende o físico. Em consequência, a distribuição de representações íntimas e abusivas de corpos viola o direito das mulheres à integridade e à autonomia corporal.

Além disso, a violência relacionada à tecnologia afeta a liberdade das mulheres para expressarem-se, transitar no ambiente digital com liberdade e desfrutar das comunidades online – portanto viola sua autonomia, liberdade de expressão e acesso à informação.

O dano que as mulheres sofrem por conta desta violência é principalmente psicológico e emocional e inclui medo, nojo, stress e depressão. Ademais, o abuso online, se não é controlado, pode levar ao abuso físico na vida real. Em alguns casos, a violência relacionada à tecnologia desembocou em suicídios, em particular de pessoas jovens. As mulheres que sofrem este tipo de abuso também tendem a retirar-se das redes sociais online e na vida real, e deixam de participar ativamente na vida política, social e econômica.

Ainda que não haja estatísticas sobre o volume de fotos e vídeos íntimos de pessoas que são distribuídas sem seu consentimento, os informes da mídia, das pessoas e das organizações que trabalham na área da violência contra mulheres mostram que as mulheres e as minorias sexuais são objeto frequente destas agressões.

As imagens e gravações distribuídas desta maneira são tomadas com ou sem o consentimento da mulher. Em alguns casos, as imagens e gravações provêm de meios voyeurísticos, como câmeras ocultas. Em outros, as mulheres enviam suas imagens íntimas a seus companheiros sexuais ou consentem em gravar uma relação sexual com seu parceiro, que depois usa este registro de forma abusiva enquanto ainda há a relação afetiva ou depois de seu término.

Os abusadores também podem manipular fotografias de mulheres para convertê-las e imagens pornográficas e distribuí-las com informação pessoal, como número de telefone e endereço.

Também são filmados momentos de violação agressão sexual, e os espectadores ou perpetradores da violência os distribuem através da Internet e de telefones móveis.

Os perpetradores deste tipo de violência registram estas imagens por diferentes razões. Em alguns casos, ameaçam distribuí-las para extorquir uma mulher ou forçá-la a permanecer em uma relação abusiva. Também ocorre a distribuição de imagens e filmes para humilhar e difamar mulheres que são figuras públicas. Em outros casos os abusadores circulam estas imagens e gravações como um "hobby" para ganhar prestígio entre seus pares ou simplesmente para mostrar que podem fazê-lo.

A circulação pública de imagens e gravações conduz à vitimização múltipla das vítimas/sobreviventes. Cada vez que outra pessoa vê uma foto ou gravação íntima de uma mulher ou publica comentários que a culpabilizam ou a agridem, a mulher é novamente vitimizada.

3. ACESSO À JUSTIÇA

Existem políticas e leis na área de tecnologia de informações e comunicações. Mas, em sua maioria, estas políticas e leis não contemplam a perspectiva de gênero nem levam em conta a violência contra mulheres relacionada à tecnologia. Ademais, na legislação dirigida a cumprir e proteger os direitos das mulheres, raras vezes as tecnologias de informações e comunicações são mencionadas.

A luta das vítimas/sobreviventes de violência relacionada à tecnologia é intensa, no sentido de conseguir que se faça justiça e que sejam respeitados seus direitos. Os mecanismos legais e regulatórios e os organismos executores da lei geralmente carecem de certeza acerca de que leis se aplicam em cada caso. Consultam leis contra a violência contra mulheres, códigos de delitos informáticos e leis sobre direito à privacidade.

A nível de Brasil, no que diz respeito aos aspectos legais que subsidiam as ações que envolvem a violação dos direitos da mulher, podemos citar o caso da Lei Maria da Penha, decretada pelo Congresso Nacional e sancionada pelo ex-presidente do Brasil, Luiz Inácio Lula da Silva, em 7 de agosto de 2006, com as novas alterações sofridas pelo atual governo, a fim de acrescentar medidas imediatas em relação ao ofensor e proteção à ofendida.

No entanto, os números demonstram que a Lei Maria da Penha ainda é um desafio para o Brasil no que se refere à sua total implementação. Especialistas e movimentos sociais organizados reconhecem as mudanças trazidas pela nova legislação, mas também são unânimes quando se trata da necessidade de se avançar nas políticas públicas que visem à proteção das vítimas, especialmente das vítimas de violência virtual.

Apesar do avanço alcançado, a Lei Maria da Penha ainda apresenta brechas, principalmente quando se trata de crimes virtuais, que no aspecto jurídico se restringe à violência psicológica da mulher e, em casos de menores de dezoito anos, o Estatuto da Criança e do Adolescente (ECA) é a ferramenta legal utilizada. Confere-se neste sentido, que o ECA também não abarca taxativamente crimes virtuais em seu texto, ficando sua interpretação muitas vezes subjetiva.

As alterações de tais disposições legais vêm numa crescente alteração, a fim de tipificar nova forma de violência doméstica e familiar contra a mulher. Segundo o site da Agência Câmara de Notícias dos Deputados (2017) "essa nova forma de violência é a divulgação pela internet ou outro meio de propagação, de informações, de imagens, dados, vídeos, áudios, montagens ou fotocomposições da mulher sem o seu expresso consentimento". A proposta de alteração da referida Lei é baseada em fatos reais que não encontraram respostas.

Para o enfrentamento dessa crescente criminalidade virtual, foram criados vários meios de defesa das mulheres, como Ong Marias da Internet, que tem por objetivo orientar juridicamente e dar apoio psicológico à vítima de disseminação indevida de material íntimo.

Outro canal de subsídio disponível na internet é o site da safernet Brasil, que apresenta indicadores dos crimes de violação dos direitos humanos na internet, bem como canal de denúncia, ajuda e orientação.

Podemos citar aqui também a Lei 12.737 de 02 de abril de 2013, conhecida como Lei Carolina Dieckmann, ficando assim intitulada após o vazamento de fotos íntimas da atriz na internet.

Esta Lei, entre outras coisas, torna crime a invasão de aparelhos eletrônicos para obtenção de dados particulares. Além disso, crimes desse tipo são punidos com multa e detenção de seis meses a dois anos. E ainda, se houver divulgação, comercialização ou envio das informações sensíveis obtidas na invasão, como comunicações privadas, segredos industriais e dados sigilosos, a pena pode ser elevada de um a dois terços.

Ocorre, no entanto, que, nos deparamos muito com a descrença às referidas Leis, em razão das falhas em suas aplicabilidades.

Em razão de se tratar de um problema tão sério, por que uma pena tão branda? Além disso, as próprias delegacias assumem perante às vítimas não dispor de meios para proceder uma investigação profunda em crimes digitais, pois não contam com profissionais especializados em tal crime. Juristas da área, na mesma linha, questionam a aprovação tardia da lei, diante do fato que crimes virtuais acontecem a anos e as vítimas não obtinham respostas, o que acarreta uma lacuna no tratamento dos casos.

Verifica-se neste sentido que, ao sancionar a Lei de crimes virtuais, outra crítica apontada refere-se à rapidez com que esta ocorreu, sem consultar a sociedade e profissionais da área, e este se apresenta como um dos motivos de suas possíveis falhas.

A vingança pornô ganhou destaque também no novo texto do Marco Civil da Internet, aprovado em abril de 2014. De acordo com a Lei nº 12.965/2014, os provedores de internet que não retirarem do ar o material após notificação extrajudicial poderão responder pelos danos causados à vítima – o que pode tornar a retirada bem mais célere.

Temos que estar ciente de que as novas tecnologias de informação estão ocupando um tempo considerável na vida das pessoas e que sua utilização, em alguns momentos, torna-se um instrumento de vingança nos relacionamentos amorosos, sobretudo pela certeza da impunidade.

Os casos são inúmeros, no entanto, referidos crimes ficam suscetíveis à precariedade da ação da Polícia local, que não dispõem de condições humanas, técnicas e materiais para proceder a uma investigação eficaz e realizar justiça.

Em razão de tal situação, os casos que envolvem os crimes de *sexting*, pornografia de vingança ou pornografia não-consensual, continuam aumentando e vítimas sendo dilaceradas, levando em alguns casos ao suicídio.

No que diz respeito às leis sobre pornografia infantil, às leis de proteção da privacidade e às leis contra a violência contra mulheres, oferecem possibilidades de reparação para as vítimas/sobreviventes da distribuição não autorizada de imagens e gravações, mas também têm limitações.

4. LEIS SOBRE PORNOGRAFIA INFANTIL

Sobre as leis que dispõe sobre pornografia infantil, esta criminalizada a criação, exibição e distribuição de imagens sexuais de meninos e meninas, a quem se define como pessoas menores de 18 ou 16 anos de idade, segundo cada país.

Para este tipo de delito, as leis sobre pornografia infantil dispõem sanções penais mais severas do que, por exemplo, as leis de privacidade. Hoje existe uma forte vontade entre os estados de investigar e perseguir os delitos de pornografia infantil nacional e internacionalmente. Isto permite a necessária cooperação internacional que faculta à polícia atuar frente a delitos que transcendem as fronteiras dos países.

De todas as maneiras, as leis sobre pornografia infantil não diferenciam entre gravação e distribuição autorizada ou não autorizada das imagens. Portanto, uma menina pode ser acusada de delito quando expõe uma imagem de si mesma com um companheiro afetivo.

As leis devem reconhecer o direito da juventude à autodeterminação e à integridade corporal e distinguir entre atos consentidos e não consentidos.

Enquanto se discute até que grau a juventude consente com estas ações com base em decisões informadas, a ênfase deveria estar na prevenção, mais que na criminalização. Por exemplo, os programas educativos para a juventude poderiam ajudar a negociar os espaços online e as interações sexuais com segurança.

As leis sobre pornografia infantil tampouco reconhecem a natureza de gênero destes abusos. Isto é necessário para uma resposta holística e adequada às necessidades das mulheres vítimas/sobreviventes deste tipo de violência.

Dentro deste contexto de criminalidade, encontramos disposições à respeito no artigo 218 do Código Penal, com as respectivas alterações em sua redação, dada pela Lei nº 12.015, de 2009, conforme segue abaixo citado:

> Art. 218. Induzir alguém menor de 14 (catorze) anos a satisfazer a lascívia de outrem: (Redação dada pela Lei nº 12.015, de 2009)
>
> Pena - reclusão, de 2 (dois) a 5 (cinco) anos. (Redação dada pela Lei nº 12.015, de 2009)
>
> Art. 218-A. Praticar, na presença de alguém menor de 14 (catorze) anos, ou induzi-lo a presenciar, conjunção carnal ou outro ato libidinoso, a fim de satisfazer lascívia própria ou de outrem: (Incluído pela Lei nº 12.015, de 2009)
>
> Pena - reclusão, de 2 (dois) a 4 (quatro) anos. (Incluído pela Lei nº 12.015, de 2009)
>
> Art. 218-B. Submeter, induzir ou atrair à prostituição ou outra forma de exploração sexual alguém menor de 18 (dezoito) anos ou que, por enfermidade ou deficiência mental, não tem o necessário discernimento para a prática do ato, facilitá-la, impedir ou dificultar que a abandone: (Incluído pela Lei nº 12.015, de 2009)

Pena - reclusão, de 4 (quatro) a 10 (dez) anos. (Incluído pela Lei n° 12.015, de 2009)

§ 1o Se o crime é praticado com o fim de obter vantagem econômica, aplica-se também multa. (Incluído pela Lei n° 12.015, de 2009)

§ 2o Incorre nas mesmas penas: (Incluído pela Lei n° 12.015, de 2009)

I - quem pratica conjunção carnal ou outro ato libidinoso com alguém menor de 18 (dezoito) e maior de 14 (catorze) anos na situação descrita no caput deste artigo; (Incluído pela Lei n° 12.015, de 2009)

II - o proprietário, o gerente ou o responsável pelo local em que se verifiquem as práticas referidas no caput deste artigo. (Incluído pela Lei n° 12.015, de 2009)

§ 3o Na hipótese do inciso II do § 2o, constitui efeito obrigatório da condenação a cassação da licença de localização e de funcionamento do estabelecimento. (Incluído pela Lei n° 12.015, de 2009)

Divulgação de cena de estupro ou de cena de estupro de vulnerável, de cena de sexo ou de pornografia (Incluído pela Lei n° 13.718, de 2018).

Art. 218-C. Oferecer, trocar, disponibilizar, transmitir, vender ou expor à venda, distribuir, publicar ou divulgar, por qualquer meio - inclusive por meio de comunicação de massa ou sistema de informática ou telemática - fotografia, vídeo ou outro registro audiovisual que contenha cena de estupro ou de estupro de vulnerável ou que faça apologia ou induza a sua prática, ou, sem o consentimento da vítima, cena de sexo, nudez ou pornografia: (Incluído pela Lei nº 13.718, de 2018).

Pena - reclusão, de 1 (um) a 5 (cinco) anos, se o fato não constitui crime mais grave. (Incluído pela Lei nº 13.718, de 2018).

Aumento de pena (Incluído pela Lei nº 13.718, de 2018).

§ 1º A pena é aumentada de 1/3 (um terço) a 2/3 (dois terços) se o crime é praticado por agente que mantém ou tenha mantido relação íntima de afeto com a vítima ou com o fim de vingança ou humilhação. (Incluído pela Lei nº 13.718, de 2018).

Exclusão de ilicitude (Incluído pela Lei nº 13.718, de 2018).

§ 2º Não há crime quando o agente pratica as condutas descritas no caput deste artigo em publicação de natureza jornalística, científica, cultural ou acadêmica com a adoção de recurso que impossibilite a identificação da vítima, ressalvada sua prévia autorização, caso seja maior de 18 (dezoito) anos. (Incluído pela Lei nº 13.718, de 2018).

5. LEIS DE PROTEÇÃO À PRIVACIDADE

As leis de privacidade protegem o direito de respeito à vida privada e regulam a coleta, armazenamento e uso da informação. Muitos estados têm legislação inadequada para proteger o direito à privacidade e de fato delegam este dever aos indivíduos e ao mercado.

Além disso, a violação da privacidade costuma ser equiparada à intrusão do estado ou das empresas na vida das pessoas e não se leva em conta as violações cometidas por indivíduos, incluindo companheiros, pais ou irmãos. Nos debates sobre privacidade predominam as perspectivas dos homens de classe média. Devido a este fato, as preocupações quanto à privacidade das mulheres e a violência contra mulheres relacionada à tecnologia – as quais são definidas pela posição social das mulheres e que costumam implicar violações da privacidade cometidas por indivíduos, incluindo companheiros, pais e irmãos - não recebem atenção.

A isso soma-se o fato de que o discurso público e político sobre a privacidade frequentemente demarca-se dentro das mesmas perspectivas culturais e morais usadas para controlar o corpo das mulheres.

Por isso, em muitos contextos, os casos de distribuição não autorizada de imagens íntimas de mulheres são considerados uma corrupção das normas sociais e familiares em vez de violações ao direito das mulheres à integridade e autonomia corporal. Em consequência, muitas vezes acaba-se questionando a moralidade da vítima/ sobrevivente e a violação se converte em uma vergonha para ela.

Outro aspecto desta explanação é como equilibrar o direito de uma pessoa à privacidade com o direito público à informação, em particular em relação a figuras públicas. Tomando como exemplo, na Malásia, quando circulou publicamente um vídeo sexual de uma mulher em cargo político. As apelações por uma proteção mais forte da privacidade que se seguiram a este incidente foram diluídas em debates sobre a moral das figuras públicas e as expectativas da opinião pública. Nas Filipinas, a lei contra o voyeurismo de fotos e vídeos sancionada em 2009 é uma lei inovadora que penaliza o ato de tirar, copiar e distribuir fotos ou vídeos de atos sexuais ou de partes íntimas sem o consentimento da pessoa ou das pessoas envolvidas. Esta lei dispõe penas mais severas que outras leis de privacidade e inclui a possibilidade de prisão.

De todas as formas, esta lei não reconhece que estes atos podem ser uma forma de violência contra mulheres e não especifica o que significa consentimento. Se implementação da lei faz recair o ônus da prova do consentimento sobre as vítimas/sobreviventes, pode desalentar as mulheres a denunciar delitos e procurar reparação, como costuma acontecer com as leis sobre agressão sexual.

6. LEIS CONTRA A VIOLÊNCIA DAS MULHERES

Em casos de distribuição não autorizada de imagens íntimas de mulheres podem ser aplicadas três classes de leis contra a violência contra mulheres: leis contra a pornografia, leis contra delitos sexuais e leis sobre perseguição sexual.

Essas três classes de leis reconhecem estes delitos contra as mulheres como uma forma de violência contra mulheres. Portanto, asseguram uma investigação e ação judicial sensível a gênero. Entretanto, provar o dano psicológico e emocional e, portanto, demonstrar que foi cometido um ato de violência é tão difícil no marco destas leis como é, por exemplo, no marco das leis de privacidade.

Referidas leis necessitam ser ampliadas para incluir definições de violência com base no dano emociona e psicológico, de modo que possam contemplar as violações que as mulheres sofrem online e o impacto da violência relacionada à tecnologia. Também é preciso que reflitam a fronteira nebulosa entre violência online e na vida real, em especial devido ao fato de que uma destas forma de violência pode ganhar escala e converter-se na outra, ou estarem relacionadas entre si. Por exemplo, a gravação e distribuição da agressão sexual conduz a uma vitimização ulterior da mulher.

7. O EQUILÍBRIO ENTRE LIBERDADE E "PROTEÇÃO" NO TRATAMENTO DA VIOLÊNCIA CONTRA MULHERES.

Indiscutível que, as organizações da sociedade civil devem estimular que os/as formuladores/as de políticas tomem em conta a violência contra mulheres relacionada à tecnologia e que as mulheres participem nos espaços de formulação de políticas.

Os quadros e informes do setor de tecnologia de informações e comunicações que supervisem e avaliem a inclusão das mulheres nos fóruns e organismos do setor podem ser úteis para desafiar a baixa representação das mulheres. Vários projetos apoiam a presença de representantes de organizações locais de direitos das mulheres para que participem em espaços regionais e internacionais de formulação de políticas.

7.1 PRODUÇÃO DE PROVAS

São necessárias observações e informes sistemáticos da violência contra mulheres relacionada à tecnologia para apoiar os esforços de incidência e contribuir para o desenho de políticas baseado em evidências. Estes estudos deveriam incluir a participação e perspectivas de mulheres de diferentes contextos, raças, classes, sexualidades e nacionalidades.

Várias foram as formas encontradas e desenvolvidas, participantes de várias campanhas que foi desenvolvida uma plataforma de mapeamento *on-line* para que as mulheres compartilhem histórias, notícias e experiências sobre violência contra mulheres relacionada à tecnologia. A plataforma registra e ordena por categorias a violência denunciada.

7.2 INTERMEDIÁRIOS DE INTERNET

Espera-se que provedores de serviços de Internet e telefonia móvel garantam que as mulheres usuárias de seus serviços entendam que comportamentos põem em risco sua segurança e como prevenir e deter a violência. Nos processos de disposição de normas deveriam participar especialistas em políticas contra a violência contra mulheres. Os serviços também deveriam incluir mecanismos eficientes de denúncia ou queixa para denunciar abusos e para obter ajuda para detê-los.

Os intermediários de tecnologias de informações e comunicações também podem contribuir para a segurança contra a violência mediante o desenho de serviços de tecnologias de informações e comunicações mais seguros. Por exemplo, os perfis das redes sociais podem ser configurados como "privados" por padrão, a fim de restringir a possibilidade de que estranhos acessem, vejam e comentem sobre um perfil de usuária.

Tem-se como Iniciativas para essa finalidade, os 'Princípios para redes sociais mais seguras', da união Europeia – resultado de processos multisetoriais – podem orientar os intermediários quanto às melhores práticas para promover a segurança.

7.3 CAPACITAÇÃO EM MÍDIAS E EMPODERAMENTO DE USUÁRIAS

Em pesquisa realizada, verifica-se que, a prevenção da violência contra mulheres, requer que se trabalhe com usuárias de tecnologia de informações e comunicações e vítimas potenciais para mudar atitudes e comportamentos. As iniciativas de capacitação em mídia buscam que as usuárias sejam mais conscientes das implicações de seus atos.

Por exemplo, iniciativas de "educação de jovens para jovens" nos Estados unidos orientam a juventude sobre as consequências legais e sociais de compartilhar informação sexual. A campanha mundial Dominemos a tecnologia! convida a todas as usuárias de TICs a tomar o controle da tecnologia para acabar com a violência contra mulheres, inclusive mediante ações diárias como o compromisso "eu não reenvio violência".

Várias outras iniciativas trabalham com mulheres e meninas para aumentar seu controle sobre as TICs e capacitá-las para que as utilizem de forma eficaz e segura.

7.4 MEIOS DE COMUNICAÇÃO

As pessoas que trabalham em mídias virtuais e impressas têm a responsabilidade de não distribuir informação delicada sobre vítimas/sobreviventes de violência contra mulheres relacionada à tecnologia, como podemos citar um exemplo, como ocorreu na África do Sul, assim que a gravação de uma presumida violação grupal circulou através de TICs, alguns jornais publicaram relatos detalhados do conteúdo da gravação e publicaram imagens da casa da vítima/ sobrevivente. Informação como esta, viola os direitos da vítima/sobrevivente e pode desembocar em vitimizações ulteriores. Os meios de comunicação podem cumprir uma função positiva se analisam e dão nome a este tipo de violência.

7.5 APOIO PARA AS VÍTIMAS SOBREVIVENTES DE VIOLÊNCIA

Imprescindível a necessidade de dar assistência às organizações que trabalham na área da violência contra mulheres para que possam ajudar melhor às vítimas/sobreviventes de violências contra mulheres relacionada à tecnologia. As organizações que estão na linha de frente de ações de assistência necessitam capacitação e ferramentas práticas sobre como comunicar-se, denunciar e responder online e de forma segura em casos de violência contra mulheres relacionada à tecnologia.

As tecnologias de informação e comunicações também podem facilitar a assistência e apoio às vítimas/sobreviventes através de redes sociais e comunidades online. Ademais, as tecnologias de informação e comunicação podem ser utilizadas em campanhas civis de solidariedade com as vítimas/sobreviventes de violência. Por exemplo, na Malásia, logo após terem vazado na Internet fotos íntimas de uma mulher política, uma campanha solidária utilizou o Facebook para mobilizar apoio à vítima. Esta campanha impediu que a mulher renunciasse a seu posto após o incidente.

8. CONSIDERAÇÕES FINAIS

Este artigo informativo, demonstra que os casos que envolvem violência contra mulheres relacionada à tecnologia estão em crescimento e causam sérios danos às mulheres. As vítimas/sobreviventes desse tipo de violência, relacionada à tecnologia correm maior risco de vitimização ulterior por múltiplos perpetradores. As tendências, vazios e estratégias que foram apresentados nesta exposição constituem pontos de partida cruciais para as organizações que trabalham em políticas de TIC e/ou direitos das mulheres para deter a violência. O mais importante agora é promover estratégias e políticas que empoderem as mulheres e lhes permitam controlar suas situações, opostas à adoção de abordagens protecionistas. Este deveria ser o eixo central do trabalho para acabar com a violência contra Mulheres.

9. REFERÊNCIAS BIBLIOGRÁFICAS

BRASIL. **Código Penal**. Decreto lei nº 2.848 de 07 de dezembro de 1940. Disponível em: http://www.planalto.gov.br/ccivil_03/decreto-lei/del2848compilado.htm. Acesso em 10 de agosto de 2019.

BRASIL, Safernet. **Perigos na Rede. Sexting.** Disponível em: http://www.safernet.org.br/site/prevencao/cartilha/safer-dicas/sexting. Acesso em: 15 de agosto de 2019.

BRANDÃO, Thales. IBOPE – Instituto Brasileiro de Opinião Pública. Número de usuários de redes sociais ultrapassa

46 milhões de brasileiros. **Número de usuários de redes sociais ultrapassa 46 milhões de brasileiros**. Data publicação: 04 de abril de 2013. Disponível em: http://mshoje.com/noticias/14535-numero-de-usuarios-de-redes-sociais-ultrapassa-46-milhoes-de-brasileiros. Acesso em 25 de agosto de 2019.

DINO. Publicidade corporativa. **Estatísticas de uso de celular no Brasil.** Revista exame. Data Publicação: 22 de abril de 2016. Disponível em: https://exame.abril.com.br/negocios/dino/estatisticas-de-uso-de-celular-no-brasil-dino89091436131/. Acesso de 15 de agosto de 2019.

FIALOVA, Katerina; FASCENDINI, Flavia. **Vozes dos espaços digitais – violência contra a mulher relacionada à tecnologia.** Politics. Data da publicação: maio de 2012. Disponível em: https://politics.org.br/edicoes/vozes-dos-espa%C3%A7os-digitais-viol%C3%AAncia-contra-mulher-relacionada-%C3%A0-tecnologia. Acesso em: 15 de agosto de 2019.

GALVÃO, Patrícia. **Mulheres são maiores vítimas de vazamento de fotos e perseguição na internet.** Violência de gênero na internet. Data: 26 de julho de 2017 Disponível em: https://agenciapatriciagalvao.org.br/violencia/violencia-internet/mulheres-sao-maiores-vitimas-de-vazamento-de-fotos-e-perseguicao-na-internet/. Acesso em: 29 de agosto de 2019.

PERASSO, Valéria. **Reportagem. Conectadas e violentadas: como a tecnologia está sendo usada para**

perpetrar abusos contra as mulheres. Data publicação: 29 de novembro de 2015. Disponível em: http://g1.globo.com/tecnologia/noticia/2015/11/conectadas-e-violentadas-como-a-tecnologia-esta-sendo-usada-para-perpetrar-abusos-contra-mulheres.html. Acesso em 20 de agosto de 2019.

PIOVESAN, Eduardo; NUNES, Rosalva. **Reportagem: Câmara tipifica crime de exposição de fotos na internet.** Câmara dos deputados. Data: 21 de fevereiro de 2017. Disponível em: https://www.camara.leg.br/noticias/508228-camara-tipifica-crime-de-exposicao-de-fotos-intimas-na-internet/. Acesso em: 15 de agosto de 2019.

SGORLON, Claudiana T. S; SUGUIHIRO, Vera Lucia T. **A comunicação social como estratégia política**. 2014. Programa de pós-graduação em serviço social e políticas social. Dissertação (mestrado em serviço social e política social). Universidade Estadual de Londrina. 2014.

SALLOWICZ, Mariana. **Acesso à internet no Brasil cresce, mas a população ainda não sabe usar a rede.** Folha de São Paulo. Rio de Janeiro. Data publicação: 16 de maio de 2013. Disponível em: https://www1.folha.uol.com.br/mercado/2013/05/1279552-acesso-a-internet-no-brasil-cresce-mas-53-da-populacao-ainda-nao-usa-a-rede.shtml. Acesso em 02 de setembro de 2019.

_____. Indicadores Helpline. **Principais violações para os quais os internautas brasileiros pedem ajuda.** 2207/2018. Disponível em:

http://helpline.org.br/indicadores/. Acesso em 01 de agosto de 2019.

AGRADECIMENTOS

A todas as mulheres que enfrentaram os preconceitos, desconstruíram padrões e ousaram se empoderar para transformar outras mulheres.
Alessandra Carla dos Santos Guedes
OAB/SP 258016

Gostaria de agradecer o apoio da minha família em especial a minha mãe Maria Ângela, e aos colegas Dr. Victor José C. Correia e a Jéssica Machado pela ajuda com livros e apoio ao presente artigo.
Beatriz Morato Ribeiro Gimenez Bolonhezi
OAB/SP 408948

Minha gratidão, a Deus pelo dom da vida, pela força e coragem; a minha família pelo apoio e paciência; aos meus saudosos avós por todo amor e zelo e doados a mim; a OAB Marília representada pelo Presidente Marlúcio Trindade Bonfim; aos meu amigos e colegas de trabalho pelo acolhimento, auxilio e aprendizado; e em especial a Comissão da Mulher Advogada da subseção Marília, pelos desafios, oportunidades e superação. Meu orgulho em participar deste projeto composto por mulheres dispostas, autoconfiantes, empoderadas, determinadas e entusiastas.
Carina Alves Camargo Prestes
OAB/SP 266124

Agradeço primeiramente a Deus pelos desafios que me são lançados, visando o meu progresso moral e intelectual, bem como agradeço minha família por aceitarem pacientemente meus momentos de ausência.
Cleomara Cardoso de Siqueira
OAB/SP 269463

Que a vida possa sempre nos dar o prazer de trabalhos como este, que nos honram com mentes que produzem não só conteúdo jurídico, mas também, informação, parceria e o trabalho em equipe, com a exclusiva pretensão de adquirir conhecimento. Estou imensamente agradecida e muito orgulhosa de conseguir e poder participar deste projeto!
Daniele Cristina Bordenal
OAB/SP 403355

Segundo o dicionário, gratidão é um substantivo feminino que define o agradecimento genuíno, é um reconhecimento por algum benefício. Nesse momento, quero agradecer! Agradeço a Deus que é a minha força diária. Aos meus pais e irmão, que me incentivam em tudo. Muito obrigada às integrantes da Comissão da Mulher Advogada que contribuíram para a construção e finalização do livro. O projeto surgiu, mas sem a dedicação de cada uma não teria sido possível finalizá-lo. Agradecemos ao Presidente e Vice-Presidente da 31° subseção da OAB pelo apoio ao nosso trabalho. Agradeço a todas as mulheres que lutaram pelos direitos femininos antes de mim. Muito obrigada a todos e todas que receberam tão carinhosamente o livro "O poder da Mulher frente aos desafios da sociedade". Espero que a leitura seja leve e sobretudo que acrescente conhecimento e informação aos leitores. Boa leitura!

Francielle Bueno Araújo
OAB/SP 364998

_____

Este projeto foi inspirado na perseverança de muitas mulheres desbravadoras em suas carreiras que são hoje norte em nossa perseverança profissional as quais merecem um agradecimento pela sua luta, agradeço as advogadas que hoje exercem bravamente a advocacia com brilhantismo, defendendo os interesses de seus clientes com ética, zelando pela justiça e, em especial, as mulheres que foram exemplo em minha vida, minha mãe Sirlei e minhas irmãs Flávia e Aline e agradeço ao meu esposo, Adriano Tioshi, que me apoiou durante toda a criação do artigo.
Isabela Nunes Yoshino
OAB/SP 349653

_____

Agradeço primeiramente a Deus por sua graça e misericórdia. Aos meus pais pelo dom da vida, amor e aprendizado. Ao meu esposo Laércio por sua dedicação, amor e apoio desde sempre. À minha filha Ana Clara por ser inspiração em continuar e não desistir. Aos amigos e familiares que estiveram presentes em minha caminhada. Muito obrigada.
Maricler Botelho de Oliveira
OAB/SP 216633

_____

Meus agradecimentos são para nosso criador, que nos fez sua imagem e semelhança e que nos proporciona diariamente a possibilidade de nos evoluirmos a cada dia, especialmente por esta oportunidade de participar desta brilhante Comissão da Mulher Advogada, composta de seres iluminados e que nos fazem a cada dia nos sentirmos úteis e capazes para a oferta a tantos outros seres de orientações dentro da Advocacia, a fim de fazê-la sempre ética e digna.

Roseli Rosa de Oliveira Teixeira
OAB/SP 69950

COMISSÃO DA MULHER ADVOGADA
GESTÃO 2019/2021

www.ingramcontent.com/pod-product-compliance
Lightning Source LLC
Chambersburg PA
CBHW070617220526
45466CB00001B/25